LE
SIÉGE DE CAMBRAI
Par LOUIS XIV

D'APRÈS DES DOCUMENTS INÉDITS OU PEU CONNUS

AVEC PLANS, VUES, ARMOIRIES EN COULEURS, TÊTES DE
CHAPITRES, LETTRES ORNÉES, CULS-DE-LAMPE, etc.

TEXTE ET DESSINS
Par A. DURIEUX.

CAMBRAI
Imprimerie de SIMON, rue Saint-Martin, 18
J. RENAUT, Successeur

1877.

LE
SIÉGE DE CAMBRAI
PAR LOUIS XIV.

LE
SIÉGE DE CAMBRAI
Par LOUIS XIV
D'APRÈS DES DOCUMENTS INÉDITS OU PEU CONNUS

AVEC PLANS, VUES, ARMOIRIES EN COULEURS, TÊTES DE
CHAPITRES, LETTRES ORNÉES, CULS-DE-LAMPE, etc.

TEXTE ET DESSINS

Par A. DURIEUX.

CAMBRAI

Imprimerie de SIMON, rue Saint-Martin, 18

J. RENAUT, Successeur

1877.

A toi chère cité natale
Où j'ai grandi, pensé, vécu,
Vieux murs, antique capitale
D'un peuple que Rome a vaincu,
J'offre, enfant dévoué, l'hommage
D'un humble et studieux labeur ;
Accueille ma nouvelle page,
Sois indulgente pour l'auteur.
D'autres traceront mieux, sans doute,
Ton histoire aux siècles passés,
Je n'ai fait qu'un bout de la route,
Parmi ces sentiers effacés
Cherchant avec un soin austère,
A l'ombre de la vérité,
Comment tu revins à ta mère
Quand finit ta captivité.
Mais la fortune est incertaine,
Peut-être ai-je mal réussi,
Laisse-m'en m'excuser ici
Avec notre « bon la Fontaine : »
« Et si de t'agréer je n'emporte le prix,
« J'aurai du moins l'honneur de l'avoir entrepris. »

Avril 1877.   A. DURIEUX.

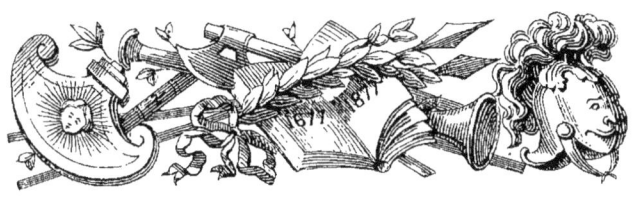

LE SIÉGE DE CAMBRAI

Par LOUIS XIV

D'APRÈS DES DOCUMENTS INÉDITS OU PEU CONNUS.

— 17 Avril 1677!.... Il y a deux siècles que Cambrai est redevenue ville française « par la grâce de.... Louis XIV. »

En histoire, de même qu'en peinture, on peut distinguer l'ensemble et les détails : si le premier par « ses compositions larges, ses grandes lignes, ses contours simples, » suffit aux grandes toiles comme aux grands historiens, les détails par leur abondance même, ne peuvent toujours se soumettre à l'unité et sont mieux le lot du chroniqueur, du peintre de genre. A l'impression que laisse la masse des faits accomplis, succède un sentiment de curiosité qui pousse à en étudier à part chaque partie, causes et effets, pour ainsi dire à la loupe. C'est sous l'empire de ce sentiment que nous essayons, en mémoire de l'événement dont nous avons atteint le second centenaire, d'examiner par le menu, d'après des documents inédits pour le plus grand nombre ou certainement peu connus, ce que fut le siège de Cambrai par le vainqueur des Flandres, que nous accompagnerons dans les visites successives qu'il fit à courts intervalles, à notre ancienne capitale des Nerviens.

Nous n'avons d'autre désir que celui d'être exact et dès lors vrai ; c'est donc en simple curieux que nous contemplerons « l'histoire par son côté le plus petit, mais peut-être le plus intéressant et le moins connu. » (1).

---

(1) L'abbé Dehaisnes.

I

ans « remonter au déluge » pour trouver la cause originelle dont la prise de Cambrai fut plus tard, et incidemment l'un des multiples effets, il faut néanmoins se reporter douze ans en arrière, en 1665, à la mort de Philippe IV d'Espagne. Louis XIV avait épousé cinq ans auparavant, sa cousine, l'infante Marie-Thérèse, fille d'un premier mariage de ce même Philippe, frère de la reine mère Anne d'Autriche. Le roi d'Espagne laissait pour héritier de son trône, un fils né de sa seconde femme, Marie-Anne d'Autriche. C'était alors un enfant de quatre ans « foible et malsain » (1), sur la vie duquel on comptait peu, mais qui, sous le nom de Charles II, régna, se maria deux fois, et vécut cependant quarante années. Louis était impatient de conquêtes, et bien que sa femme eût expressément renoncé en se mariant, à tous ses droits sur l'héritage paternel, il revendiqua comme devant

---

(1) Voltaire : *Siècle de Louis XIV*, chapitre VIII.

lui appartenir, la Flandre, le Brabant et la Franche-Comté, en vertu d'une coutume en usage dans ces provinces sous le nom de « droit de dévolution. » Ce droit faisait héritiers des fiefs de famille, les enfants du premier lit à l'exclusion de ceux du second, ce qui dans l'occurrence rendait caduque la renonciation de Marie-Thérèse.

D'ailleurs, l'habile et rusé Mazarin, dont les vues embrassaient l'avenir, en rédigeant le traité des Pyrénées en 1659, et pour ménager à cette renonciation un moyen de nullité, l'avait subordonnée au paiement des « 500,000 écus d'or au soleil » dot de l'infante, que l'Espagne appauvrie — l'Eminence le savait — était incapable de payer, du moins entièrement. (1).

Louis, pour donner à ses prétentions une apparence de bonne foi, les fit examiner par son conseil et par des théologiens. Tous naturellement, les trouvèrent fondées. Cependant, « si les causes « des rois, dit le satirique auteur du *Siècle de* « *Louis XIV*, pouvaient se juger par les lois des « nations à un tribunal désintéressé, l'affaire eût « été un peu douteuse » (2). On discuta d'abord de part et d'autre, à grand renfort de mémoires ; puis, des coups de plume on passa aux coups de canon, deux ans après le 20 mai 1667.

(1) Ces 500,000 écus valaient 2,500,000 livres. « La France n'en reçut jamais que cent mille francs. » — Voltaire : *Siècle de Louis XIV*, chapitre VI.
(2) Chapitre VIII.

Le 2 mai 1668, après que le roi de France se fut rendu maître de la Flandre et de la Franche-Comté, la Hollande s'étant montrée favorable à l'Espagne, amenait le vainqueur à signer le traité d'Aix-la-Chapelle par lequel il rendait à Charles II, la seconde des provinces conquises, mais gardait la première.

Louis XIV avait conservé de l'attitude de la Hollande en cette circonstance, un secret ressentiment : son intervention avait reculé pour lui, la conquête de la Flandre entière qu'il méditait et à laquelle il joignit dès lors le projet d'ajouter celle de tous les Pays-Bas. Une triple alliance entre l'Angleterre, la Suède et les Hollandais avait été conclue en vue de maintenir les conditions du traité d'Aix-la-Chapelle et de s'opposer ainsi en préservant les Pays-Bas, à l'accroissement que de nouvelles conquêtes pourraient donner à la puissance de la France.

Quatre années sont employées par le roi à mûrir son grand dessein et à en préparer l'exécution. L'Angleterre ayant été secrètement détachée de la Hollande, la guerre est enfin déclarée à cette dernière. « Cette petite république « si faible dans ses commencements, écrira « plus tard Racine (1), s'étoit un peu accrue par « le secours de la France. C'étoit comme une

---

(2) *Précis historique des campagnes de Louis XIV, depuis* 1672 *jusqu'en* 1678.

« école où se formoient les soldats et les capitaines.
« Elle faisoit tout le commerce des Indes
« Orientales, » et se vantait « qu'elle seule avoit
« mis des bornes aux conquêtes du roi. » Outre
les raisons politiques, il faut ajouter que la
simplicité du gouvernement de la république des
Provinces-Unies semblait comme un reproche
pour un prince fastueux, tandis que ce mot de
république sonnait mal à l'oreille d'un monarque
absolu.

Après des fortunes diverses, Louis XIV dut
combattre un moment, on le sait, pour défendre
son royaume de l'invasion. La France avait vu
se liguer contre elle, se joignant à la Hollande,
l'Empire et l'Espagne que la dernière guerre
n'avait pas laissée exempte de rancune. Il fallut
tenir tête à cette coalition.

En 1676, le roi avait sur pied 250,000 soldats
formant quatre armées. Il prit en personne le
commandement de celle qui devait opérer en
Flandre, contre le prince d'Orange et qui « étoit
forte environ de cinquante mille hommes » (1).

---

(1) *Histoire militaire du règne de Louis-le-Grand, roi de France, où l'on trouve un détail de toutes les Batailles, Sièges, Combats particuliers et généralement de toutes les actions de Guerre qui se sont passées pendant le cours de son Règne, tant sur Terre que sur Mer, enrichie des plans nécessaires, etc., par M. le Marquis de Quincy, Brigadier des armées du Roy, Lieutenant Général de l'Artillerie, Lieutenant pour le Roy au Gouvernement d'Auvergne, Chevalier de l'Ordre Militaire de St-Louis.* — 1726. — Tome 1er, page 474.

N. B. Pour ne pas multiplier les notes, nous indiquerons les emprunts faits à cet auteur par la lettre Q, suivie du numéro de la page.

Il enlève Condé le 21 avril, et Monsieur prend Bouchain le 11 mai suivant, après six jours de tranchée. Le prince d'Orange se trouvait alors sous Valenciennes avec toutes ses troupes, ayant été empêché par les Espagnols d'accepter la bataille que Louis XIV lui avait offerte la veille (le 10).

Le Prince apprit la reddition de la capitale de l'Ostrevant « par les salves d'artillerie que le « roy fit faire dans son armée, détacha le même « jour seize cens dragons, quatre cens chevaux et « mille hommes d'infanterie pour aller se jeter « dans Cambray que le duc de Villa Hermosa « (gouverneur des Flandres espagnoles) (1) crai- « gnoit de voir assiégée par le Roy. » (Q. 479).

Mais notre heure n'était pas venue encore.

Après la prise de Bouchain Louis XIV envoya en Alsace, à M. de Luxembourg, vingt-cinq escadrons et huit bataillons ; quelques jours plus tard un autre détachement considérable alla rejoindre le maréchal de Créqui en Lorraine et lorsque le 27 mai, le roi de France établit son camp entre Grammont et Ninove où il resta jusqu'au 18 juin, « pour faire fourrager par

---

(1) Don Carlos de Gurrea, Arragon et Borja, duc de Villa Hermosa, comte de Luna, Gentilhomme de la Chambre du Roy, Lieutenant Gouverneur et Capitaine Général des Pays-Bas et de Bourgogne. — « L'homme le plus généreux de son temps. » dit Voltaire. — Il avait remplacé en 1675, le comte de Monterey ; il mourut en 1678.

ses troupes tout le païs aux environs, » il avait encore avec lui 40,000 hommes (Q. 480).

La garnison de Cambrai faisait au dehors des courses fréquentes pour inquiéter les Français.

Le 31 décembre de l'année précédente (1675) les Espagnols avec sept escadrons de cette garnison et cinq de celle de Valenciennes, avaient chevauché jusqu'à Flavy-le-Martel pour « se faire payer les contributions » par les habitants de ce village. De Pradel, gouverneur de la ville de Saint-Quentin, distante de quatre lieues de Flavy, et de Lauson (1) lieutenant des gardes du corps, brigadier de cavalerie, officier d'expérience, « firent monter à cheval 300 maistres, » à la tête desquels ce dernier se mit avec quelques volontaires, entre autres « le chevalier de Caumartin et le sieur de la Font d'Hardecourt fils du lieutenant général » de la ville. Ils marchèrent sur les Espagnols qu'ils joignirent à minuit, mais ceux de Valenciennes avaient déjà brûlé le village tandis que ceux de Cambrai se tenaient en observation sur une hauteur voisine, prêts à les secourir au besoin. De Lauson les fit charger sabre en main, et après avoir essuyé leur premier feu les obligea à la retraite. Il fut lui-même blessé au bras et perdit quelques cavaliers. Cinquante Espagnols furent tués et « le baron de Torcy » qui les commandait, fait

---

(1) Quincy le nomme de Lançon, 171.

prisonnier avec plusieurs autres. Les escadrons de la garnison de Cambrai n'avaient point attendu les Français et s'étaient retirés avec précipitation (1).

Dans les premiers jours de février 1676, une semblable expédition, composée de 250 chevaux et de quelques dragons, sortait de notre ville et prenait pour objectif Vitry, village aux Français, sur la Scarpe, à une lieue de Douai. Le commandant de cette dernière place, le marquis de Saint-Geniès, lieutenant général (2), ayant eu avis de cette entreprise par des déserteurs de Cambrai, envoya vers Arleux, à mi-chemin entre Cambrai et Vitry, « le chevalier de Cagnol mestre de camp » et lieutenant-colonel de Royal-Piémont, avec tous les cavaliers valides de son régiment et de celui de Lisbourg, tous deux en garnison à Douai. De Cagnol trouva le pont sur la « Licette, » gardé par 50 dragons. Il chargea un capitaine de Piémont, le chevalier de Grimaldy accompagné de quelques hommes, de chercher un passage vers la gauche pour couper

(1) *Relation de ce qui s'est passé en Flandre, entre l'armée de France, celle d'Espagne et des Conféderez, és années 1675 1676 et 1677.* — Lyon 1677. — Tome second, pages 182 et suivantes.

Nous indiquerons par la lettre R nos emprunts à cet ouvrage en deux volumes, *excessivement rares*, dont nous devons la communication à l'extrême obligeance de M. Eugène Bouly de Lesdain.

A la fin du « privilège du Roy, » qui se trouve en tête du volume que nous citons, on lit : « Achevé d'imprimer pour la première fois, le 15 juillet 1677. »

(2) Il fut, après la prise de Saint-Omer, nommé gouverneur de cette dernière ville, et alors remplacé à Douai par le marquis de Pierrefitte (C. 151).

la retraite aux dragons, et les attaquant lui-même, il forçait le pont. Ce que voyant, le parti espagnol battit aussitôt en retraite. Dans cette rencontre le lieutenant-colonel reçut trois coups de mousqueton, deux « au-dessous du genoüil qui lui cassèrent la jambe, l'autre à l'épaule ; » il eut de plus son cheval tué sous lui. De Grimaldy n'eut qu'un seul cavalier blessé et un cheval tué ; son lieutenant Conti « reçut un coup favorable à la tête » (sic). Les Français avaient fait prisonniers le commandant des Espagnols, trois de leurs officiers, vingt-sept dragons et pris quarante-sept chevaux. Dix ou douze cavaliers avaient été tués et six autres si maltraités qu'on dut les laisser à Arleux (R. 201 à 203).

Plus récemment la garnison de Cambrai encore, pendant le siége de Bouchain, avait de nouveau passé la Somme et poussé jusqu'au pays de Santerre entre Péronne et Roye ravageant cette partie de la Picardie. Le roi pour entraver autant que possible ces incursions sur son territoire et contenir cette garnison, détacha de rechef, de son armée, un troisième gros corps de cavalerie qu'il envoya sous le commandement du comte de Monbrun, en observation aux environs de notre ville (Q. 480). Ce fut désormais entre Français et Espagnols une lutte de ruses.

« Sitôt que le Comte de Monbrun fut arrivé près « de Cambray, il envoïa jusqu'aux portes de cette « place le Baron de Quincy, Maréchal de camp. » En octobre de l'année précédente, il était colonel pour l'Espagne, d'un régiment de cavalerie de la garnison de Valenciennes. Partageant le mécontentement de plusieurs officiers irlandais qui servaient dans les troupes de Hollande et ne pouvaient non plus que lui être payés à cause de la triste situation financière de ces deux pays, Quincy était passé au service de France avec un certain nombre des officiers de son régiment et de ses soldats (R. 200), « depuis que le roy s'étoit rendu le maître du païs « où ses biens étoient situés. Le Baron de Torcy « (qui avait racheté sa liberté) Gouverneur de « Cambray (1), lui dressa une embuscade dans laquelle « il croïait qu'il donneroit ; il sortit le 10 juin avec « toute la cavalerie de sa garnison, des dragons « et de l'infanterie, pour l'attaquer ; mais le Baron « de Quincy s'étant éloigné du lieu où l'embuscade « étoit dressée, soutint (entre Iwuy et Bouchain) (2) « un combat d'une heure, fort sanglant et fort « opiniâtre de part et d'autre. Enfin, il contraignit « les Espagnols de rentrer en désordre dans « Cambray après une grosse perte de leur part. Le « 19 de juin le Gouverneur aïant voulu encore « sortir avec un gros détachement, le Baron « de Quincy qui s'en étoit douté lui dressa à son « tour une embuscade, dans laquelle donna le « Gouverneur dont les troupes furent taillées en « pièces ; en sorte que la garnison de Cambray

---

(1) Quincy fait erreur, le gouverneur de Cambrai était depuis septembre 1671, Don Pedro Zavala.

(2) *Dictionnaire historique de la ville de Cambrai et du Cambresis*, par E. Bouly, (page 108).

« ne donna plus d'inquiétude depuis aux frontières
« du Royaume. » (Q. 480).

Il faut sans doute modifier quelque peu ce que cette conclusion a de trop absolu : la défaite de la garnison de Cambrai ne l'empêcha point de continuer, moins hardiment peut-être, ses courses sur les terres de France, — nous serons amenés à le répéter plus tard, — surtout lorsque le comte de Monbrun se fut retiré pour aller prendre part au siége d'Aire. L'empressement avec lequel les paysans picards obéirent à la réquisition du roi, l'année suivante, pour coopérer aux travaux du siége de notre ville, prouve qu'ils étaient encore sous l'impression de la peur permanente que leur causaient les Espagnols du baron de Torcy.

Aire était l'une des deux places restant à l'Espagne dans l'Artois, elle faisait « la communication et le commerce de Saint-Omer et de Cambrai, » (R. 301) elle fut prise en cinq jours, le 31 juillet, par le maréchal d'Humières à qui le roi, avant de retourner à Paris, le 4 du même mois, avait laissé le commandement de son armée. (Q. 481).

Cependant, des conférences pour la conclusion de la paix avaient été résolues et devaient se tenir à Nimègue, sous la médiation du roi d'Angleterre. Dès le mois de mars 1675, le duc de Vitry, Colbert et le comte d'Avaux (1), pléni-

---

(1) Auparavant ambassadeurs en Angleterre et à Venise.
Le 20 décembre de la même année, l'ordre était donné par le roi, au comte d'Avaux, à M. Colbert de Croissy et au maréchal d'Estrades de partir sous huit jours, pour Nimègue (Q. 165).

potentiaires pour la France, qui devaient y prendre part, étaient prêts à s'y rendre (R. 31). Mais il semblait que tous les intéressés, vaincus et vainqueurs eussent pris à tâche de faire avorter ces négociations, tant il y fut mis d'entraves de part et d'autre. « Les propositions de quelques-uns
« étoient si peu conformes à l'état de leurs
« affaires, principalement les demandes des
« Espagnols, qu'elles faisoient assés connoître
« que, se flattant toûjours sur l'avenir, ils cher-
« choient plutôt à rendre la négociation difficile
« qu'à terminer la paix » (Q. 524). Et pourtant,
« on eût dit que, toute l'Europe n'étoit attentive
« qu'au départ des plénipotentiaires et qu'aux
« mesures qu'on pourroit prendre pour terminer
« la guerre. » (R. 181).

Vers la fin de 1676, les choses parurent avoir un caractère plus sérieux. C'est alors qu'on voit le 23 octobre, « un ambassadeur d'Angleter passant
« par ceste ville de Cambray pour aller à l'assemblée
« du traictement de la paix, » recevoir, en présent,
« du magistrat, « xij cannes de vin, » d'honneur (1). Si la paix avait été faite alors, Cambrai aurait probablement évité un siége en devenant ville française par la force même des circonstances. Car, déjà en 1667, lors des premiers pourparlers qui aboutirent l'année suivante au traité d'Aix-la-Chapelle, le roi avait rangé la possession du

(1) Comptes de la ville : 1676-1677, f. 39 v. Ce « présent » avait coûté « lviij lt. vj s. ix d. »

Cambresis au nombre des compensations qu'il comptait demander aux Espagnols (Q. 286).

La crainte d'une attaque qui tenait les Cambresiens après la prise de Bouchain, n'avait rien changé à leurs habitudes, et Messieurs du Magistrat n'avaient pas cessé pour cela de se réunir dans les banquets qu'ils avaient coutume de se donner à certaines fêtes (1). Le 2 juillet avait eu lieu — ce qui était plus à propos — la procession commémorative « de la délivrance du siége de la ville, le 3 du même mois, en 1649 » (levé par le comte d'Harcourt) ; et le « premier dimanche d'octobre » une cérémonie de même nature rappelant un événement analogue, la réduction de la cité « à l'obéissance de Sa Majesté Catholique, » le 7 octobre 1595, réunissait dans un même cortége les échevins et les autorités militaires accompagnant pieusement le clergé dans une nouvelle procession par les rues de Cambrai (2).

De son côté le duc de Villa Hermosa était toujours sous l'empire de cette même crainte. L'abbaye de Vaucelles, au pouvoir des Français, abritait 1,400 de leurs chevaux ; le baron de Quincy

---

(1) Voir à ce sujet le compte du domaine de la ville pour 1676-1677.

(2) « Aux officiers de la ville portant les petits draps ayant assisté à la
« procession faicte le ij de juillet 1676, en mémoire de la délivrance du siège
« de ceste dite ville en l'an 1649, à laquelle Messieurs du Magistrat ont
« assisté en corps, xxx s. » (Id. f. 68 v.).

« Aux serviteurs de messieurs portant les petits draps ayant assisté à la
« procession faicte le premier dimanche d'octobre dudit an, en mémoire de
« la réduction de ceste ville en l'obéissance de sa Majesté Catholique,
« à laquelle Messieurs du Magistrat ont assisté en corps, xxx s. »
(Id., f. 69 v.).

qui commandait alors un petit corps à Crèvecœur, y laissait dans le château, dont les troupes du roi s'étaient aussi emparées (R. 409), 400 cavaliers et se disposait (entre le 13 et le 16 octobre) à rejoindre « le reste de l'armée près du Câteau-Cambresis qu'on parlait de fortifier pour y faire hiverner la cavalerie » (R. 385). Le 18 arrivaient à Bruxelles pour aller de là renforcer les garnisons des villes de la Flandre encore soumises au roi d'Espagne, trois régiments de cavalerie espagnole et Don Francisco de Velasco, aussi avec une cavalerie destinée à escorter l'infanterie qui devait se rendre également en garnison à Mons, à Valenciennes et à Cambrai, aux environs de laquelle se trouvait le maréchal de Luxembourg. « C'étaient les trois villes qui « semblaient le plus directement menacées par les « Français. » (R. 387).

Le 6 octobre, « Don Hieronimo de Kiniones, maistre de camp général » était venu inspecter Cambrai (1), et le 29 du même mois, un lieutenant général de cavalerie y arrivait « de garnison » accompagné d'une troupe nombreuse de cavaliers (2) qui venaient augmenter du même coup les charges militaires de notre cité, charges déjà considérables depuis le commencement des hostilités, c'est-à-dire depuis plusieurs années. On logea une partie de ces troupes dans « la grande boucherie, » sur la Place-au-Bois et l'on transforma en écuries les

(1) Id., f. 40.
(2) Id.

« hobettes » (échoppes en appentis) qui l'entouraient, ainsi que celles des « petites boucheries, » sous les murs de l'abbaye Saint-Aubert (1).

Par suite, les logements pour les officiers, chez les habitants, se trouvaient rares. Les ecclésiastiques étaient exempts de cette contribution en nature, mais force leur fut en cette circonstance de consentir, à la supporter momentanément, sur la demande de Villa Hermosa, jointe à la promesse pour eux, d'en être déchargés sitôt que la garnison diminuerait. C'est ce qui advint vers les premiers jours de 1677, où il se trouva 300 cavaliers en moins. Le 13 janvier, sur les représentations des membres du clergé, Villa Hermosa prescrivait au gouverneur de la ville de pourvoir au « deslogement des soldats » qui restaient encore dans leurs maisons. Mais le privilége dont jouissaient les prêtres était une cause continuelle de conflit avec l'autorité civile, la mesure tarda à être exécutée. Il fallut le 1er février, de la part du gouverneur des Pays-Bas, un nouvel ordre direct à Zavala, avec injonction qu'il eût « inviolablement à l'accomplir, » pour qu'on logeât « aultre part les gens de guerre » (2).

Pendant que ses ennemis prenaient leurs mesures pour presser plus vivement la guerre au printemps, Louis XIV soit pour les laisser dans l'incertitude de

---

(1) Ces appropriations s'élevèrent pour les mois d'octobre et novembre 1676, à 212 livres tournois. (Id., f. 70 v.)

(2) Lettre de Villa Hermosa aux échevins de Cambrai, du 1er février 1677 (Archives communales. Série EE IV, Logements.)

ses desseins, ou pour satisfaire sa passion pour le plaisir, semblait uniquement occupé d'offrir à sa cour le spectacle des fêtes splendides qu'il donnait ostensiblement à ses maîtresses. Il paraissait sur ce point voir les choses d'une telle hauteur, que les lois de la décence publique faites pour les simples mortels, ne pouvaient point atteindre jusqu'à sa majesté. Il était alors tout à madame de Montespan qui lui donna cette même année 1677, une nouvelle fille, Mademoiselle de Blois, future femme du futur régent, Philippe II duc d'Orléans. Toutes ces réjouissances n'empêchaient pourtant pas l'amoureux monarque de songer à poursuivre ses conquêtes.

Au commencement de décembre 1676, des troupes nombreuses de pied et de cheval, avaient été postées, outre le Câteau, comme on l'a vu plus haut, « dans le Câtelet et dans tous les autres postes qui sont aux environs de Cambray » (R. 393), que ces troupes serraient de près ; Valenciennes et Saint-Omer étaient dans la même situation, dès la fin du même mois. Dans les derniers jours de janvier 1677, les Espagnols avaient acquis la certitude que les mouvements des ennemis avaient pour but d'empêcher « qu'on pût faire entrer de grands convoys « dans Cambray et Valenciennes qui en avaient « extrêmement besoin » (R. 406), disaient les Français. Ceux-ci au contraire, au début de février faisaient sortir de Charleroy et d'autres places leur appartenant, de l'artillerie et des munitions. « L'incommodité de la saison rendit extrêmement

« difficile le transport des vivres. » Mais Louvois prenait soin de « faire faire un grand nombre de « magazins de bled, d'avoine et de foin sur les « frontières de la Picardie, de la Flandre et de « l'Artois, » de sorte que l'armée française eut « la même abondance de toutes choses et à si « juste prix que si l'on eût été au milieu de « Paris » (Q. 540).

Valenciennes et Cambrai pouvaient servir de lieu de ravitaillement à l'armée d'Espagne dans le Nord, et celle-ci à l'abri des fortifications de ces deux villes, pouvait inquiéter les opérations militaires des Français. Puis, ces deux petits pays, le Hainaut et le Cambresis, formaient comme une emprise alors, dans le royaume de France, dont ils échancraient de ce côté la frontière. Le baron de Quincy reçoit l'ordre de desserrer Cambrai pour se porter sur Valenciennes (Q. 525), et pendant que le maréchal de Luxembourg rassemble ses troupes, d'Humières se met en campagne dès ce même mois de février. Une feinte sur Mons qu'il bloque, selon ce qui lui a été prescrit, empêche le gouverneur des Pays-Bas d'envoyer de cette place des secours dans la capitale du Hainaut que Luxembourg investit le dimanche 28. Le même jour au matin, après avoir reçu la veille « les députez du Parlement, de la « Chambre des Comptes, de la Cour des Aydes et « le Prévost des Marchands avec le Corps de Ville, » pour qu'il leur donnât ses ordres (R. 415), le roi quittant « les joies du carnaval, » part « du château

« de Saint-Germain-en-Laye où il laisse la Reine et
« Monsieur le Dauphin. La plupart des Princes,
« Ducs et Seigneurs de la Cour le suivirent en
« qualité de Volontaires » (1). Le soir Louis XIV
couche à Compiègne, le 1ᵉʳ mars à Chauny, le 2 à
Saint-Quentin, le 3 au Câteau et arrive devant
Valenciennes le 4. Toutes les mesures avaient été si
bien prises par le marquis de Louvois, ministre
de la guerre, que cinq jours après, la tranchée était
ouverte, et le 17, la place tombait au pouvoir des
Français (id. 7).

---

(1) *La Campagne du Roi en l'année* 1677. Paris, 1677. La dédicace au roi est signée P. V. — Page 6.

Nous indiquerons cet ouvrage par la lettre C.

II

ussitôt que le Roy eût donné
« ses ordres pour la sûreté
« de Valenciennes, il résolut
« de profiter du bonheur
« de ses armes, et déclara
« qu'il avoit fait le projet
« de faire en personne le
« siége de Cambray » (Q. 530), « que les rois
« d'Espagne estimoient plus que le reste de la
« Flandre ensemble. » (1) Le 21, Louis couchait
à Haspres et envoyait le même jour son frère,
Monsieur, avec un détachement de son armée
— quatorze escadrons et vingt bataillons, — assiéger
Saint-Omer, la dernière ville de l'Artois encore aux
Espagnols. « La réputation de ces deux places
« étoit si grande, et les ennemis, ajoute Quincy (id.),
« avoient si bien pourvu à leur défense, que le Roy
« dit en déclarant qu'il les alloit assiéger, que deux
« entreprises de cette conséquence demandoient
« un succès favorable pour mériter une approbation
« générale. »

(1) Racine — *Précis Historique*, etc.

Le 22 mars Louis XIV se présentait devant nos murs où Quincy maréchal de camp, et le brigadier de cavalerie La Fitte étaient revenus se mettre en observation, sur l'ordre que leur avait donné le roi, au camp de Famars, dans la nuit du 9 au 10. (R. 421).

Voyons ce qu'était notre ville alors, et ce qu'en pensait le parti qui se disposait à l'attaquer. Un auteur anonyme qui écrivait en cette même année 1677, et que nous avons déjà cité, dit :

« Cambray est la plus forte et la plus importante
« place des Païs-Bas. L'Escaut la traverse et
« remplit ses fossez (du sud-ouest au nord, du moins :
« la partie opposée, du nord au sud-ouest, en passant
« par l'est, où se trouve la citadelle, étant à défense
« sèche.) Elle est fortifiée régulièrement de Rempars,
« Bastions, demy-Lunes et de deux Forts (le château
« de Selles et le châtelet de Cantimpré dans le bas)
« et commandée d'une Citadelle, de forme quarrée,
« qui en est séparée, et qui outre les bastions, demy-
« Lunes et Fossez, est dans une situation fort
« avantageuse. La place est encore considérable,
« pour estre la Capitale du Cambresis, et le Siége
« Métropolitain de la plus grande partie des Païs-Bas
« Catholiques (1); et pour avoir une Eglise

---

(1) Le diocèse de Cambrai comprenait alors quatre archidiaconés savoir :
1° Du Cambresis, formant trois décanats : Cambrai, le Câteau et Beaumetz.
2° De Valenciennes, trois décanats : Valenciennes, Haspres et Avesnes.
3° De Hainaut, quatre décanats : Mons, Bavai, Maubeuge et Binche.
4° De Brabant, quatre décanats : Chièvres, Saint-Brice de Tournai, Grammont et Halle.

« remplie de quantité de Bénéfices insignes et
« de grands revenus et dignitez Ecclésiastiques (1).
« On prétend qu'elle étoit déjà célèbre du tems
« même des Romains. Elle soûtint ensuite sa
« réputation sous Clodion Roy de France qui s'en
« rendit maître par la perte de cinquante mille
« hommes, qui furent sacrifiez à sa prise, tant du
« parti des assiégeans que de celuy des assiégez :
« Le soin particulier que prit Charle-Quint de la
« fortifier augmenta beaucoup l'estime qu'on en
« faisoit, et enfin elle a esté si bien établie dans les
« guerres de nostre siècle, qu'elle a toujours passé
« pour la Place la plus formidable qui soit dans les
« dix-sept Provinces. C'estoit d'ailleurs comme une
« pointe mortelle enfoncée dans les flancs de la
« France, qui ne donnoit aucun repos à la Picardie,
« qui menaçoit la Seine même, et qui en tems
« de guerre exigeoit de si grosses contributions,
« qu'elle n'en étoit pas seulement rassasiée, mais se
« trouvoit encore en estat de fournir aux besoins des
« Places Catholiques de son voisinage et de faire
« subsister quantité de troupes, servant en même
« tems d'asyle à toute sorte de Criminels. Le Roy
« sensiblement touché des maux que causoit cette
« Place à une si grande partie de son Royaume,

(1) Les dignités ecclésiastiques comprenaient : Le prévôt, les archidiacres, dont on vient d'indiquer les archidiaconés, le doyen et le trésorier (la chanterie et l'écolâtrie n'etaient que de simples personnats).

Les dignitaires laïques étaient : le grand bailli ou chef de la cour du palais archiépiscopal, le sénéchal du Cambresis, le maréchal, les douze pairs, les vingt-quatre francs-fievez. Les seules prébendes canoniales étaient au nombre de cinquante.

« voulut en toute manière y apporter le remède... »
(C. 56 à 58) (1).

Après cette citation peut être un peu longue, mais curieuse à plus d'un titre, qui semble faire de notre cité un fort inexpugnable, repaire d'un ramassis de bandits, hâtons-nous de nous prémunir contre tout ce que cette appréciation a d'exagéré. Voyons-y avant tout, le fait d'un écrivain adulateur — il ne fut pas le seul alors (2), ni même depuis — jaloux, et pour cause, d'augmenter l'importance

---

(1) Ajoutons avec l'auteur de la *Relation de ce qui s'est passé en Flandre, etc.*, pour compléter la description de notre ville : « Les rües et « les Batimens y sont assez beaux. Sa place d'Armes est d'une grandeur « extraordinaire, où toute la Garnison pourroit aisément paroitre en Bataille « et faire les évolutions » (Page 534).

(2) Entre tant d'autres, ce reproche peut être fait à la *Relation* déjà citée ; Racine même n'en est point complètement exempt et il nous paraît curieux de reproduire en outre, à ce propos, la dédicace qui se trouve en tête de *La Campagne du Roy en l'année* 1677 ; la voici :

« SIRE,

« Les merveilleux succès de la dernière campagne de VOTRE MAJESTÉ
« ayant éblouy l'Europe comme autant d'éclairs par leur splendeur et par
« leur rapidité, beaucoup de Princes et de Seigneurs de ses diverses régions
« même les plus éloignées, qui ne pouvoient découvrir cet amas de
« conquestes que comme un débris confus de ces superbes édifices que la
« foudre a traversez, m'en ont demandé avec instance une relation parti-
« culière. Comme pour remplir leur attente et pour rendre en même tems
« ce qui se doit à vostre Vertu, je n'avois besoin que de la vérité, je n'ai pu
« leur refuser cette satisfaction. J'espère SIRE, que vous ne désapprouverez
« pas que j'aye suspendu en ce rencontre la passion que j'auray toute ma
« vie pour la Personne Sacrée et pour le Nom triomphant de V. M. Ce
« simple récit de vos faits héroïques m'a semblé plus propre à célébrer vos
« actions immortelles que les discours les plus étudiez, puisque

« Vous pouvez ajouter victoire sur victoire,
« Mais rien ne saurait plus augmenter votre gloire.

« Je supplie donc V. M. d'agréer ce petit ouvrage et d'avoir la bonté de
« souffrir que j'ose me dire

« De votre Majesté
« Très-humble, très-obéissant et très-fidèle Serviteur, P. V. »

de la conquête d'un prince dont il désirait probablement obtenir les faveurs.

Cambrai, ce que cet auteur ne dit pas assez clairement et qu'il est utile de savoir pour l'intelligence des opérations stratégiques qui vont suivre, Cambrai avait alors et a conservé depuis, la forme d'un quadrilatère irrégulier, sorte de trapèze présentant son petit côté à la citadelle. Les quatre angles de ce trapèze ont pour défenses, au nord le château de Selles (plan n° II, A) (1) avec l'ouvrage couronné et l'ouvrage à corne qui le couvrent ; à l'opposé, à l'ouest, est une autre fortification de semblable espèce, le châtelet ou fort de Cantimpré, défendu de la même manière et où s'ouvre la porte de ce nom ou porte d'Arras. Ces deux ouvrages sont reliés par une longue courtine coupée de plusieurs anciennes tours et dans laquelle est percée au nord, près du château, la porte de Selles ou de Douai, B. Du côté de la citadelle, à l'est, s'élève le bastion Robert, C ; il s'y trouvait précédemment une ancienne poterne (2). A l'angle sud, est le bastion Saint-Georges, D, près duquel on voyait anciennement aussi, en remontant vers la citadelle, d'abord la porte Saint-Georges aussi nommée porte de France, fermée avant l'époque du siége, puis celle de Berlaymont

---

(1) Reproduction d'un calque de la collection de M. V. Delattre. — Nous indiquerons dorénavant les renvois au plan par une simple capitale.

(2) Cette poterne, qui fut jadis une porte, déjà mentionnée dans un titre du XIII° siècle (1242), aurait été construite par un chevalier Robert, surnommé Coulet, Coillet ou Colet, près de son hôtel. Il était seigneur de Villers-Plouich, Palluel, Pronville, etc.

ou Porte-Neuve, E, encore ouverte en 1683 (1). Entre le bastion Saint-Georges et la porte Cantimpré est située la porte Saint-Sépulcre ou de Paris dont nous n'avons pas à nous occuper, l'action s'étant passée du côté opposé. En regard de la porte de Paris, F, et plus près du bastion Robert que du château de Selles, est la porte Notre-Dame ou de Valenciennes, G, couverte par une des trois demi-lunes, H, I, J, échelonnées le long du mur d'enceinte depuis cette entrée jusqu'à l'angle nord. D'autres demi-lunes défendaient le flanc et la porte de la citadelle s'ouvrant sur la ville, K, L, M.

Entrons maintenant dans la place en vertu du privilége que notre plume nous donne de pénétrer partout.

Cambrai avait pour gouverneur Don Pedro Zavala, natif de Biscaye et alors âgé de plus de soixante années. Il avait succédé au marquis de Monroy et fait son entrée dans notre ville le 20 septembre 1671 (2). C'était un vaillant homme de guerre, ayant conquis ses grades par son courage et « que son âge et son expérience fesoient fort estimer. » (C. 60). Il servait l'Espagne depuis quarante-quatre ans ; il

---

(1) Elle devait son nom à l'archevêque Louis de Berlaymont qui l'avait fait construire pour faciliter les communications avec le faubourg St-Ladre, derrière la citadelle. — (Voir *Mémoires chronologiques* (page 126), manuscrit publié en partie, en 1837, par M. E. Bouly à qui il appartenait.

(2) « Présenté le xx de septembre 1671 à monseigr Don Pedro Zavala
« gouverneur de ceste ville, à son entrée en icelle, le nombre de trente
« cannes de vin faisans quarante-cincq lotz, prins de lad⁰ cave, au prix de
« dix-huict patt. le lot, déduction faicte desd. impots et assize. iiij^{xx}j lt. iij d.
(Compte de 1671-1672, f. 40).

avait passé dans l'armée de mer les cinq premières années de son service et les autres dans l'armée de terre, d'abord en Allemagne, en Flandre et dans le Palatinat. De soldat il était devenu successivement « mestre de camp d'infanterie et sergent général de bataille. » Après avoir gouverné Saint-Guislain où le mauvais état des fortifications l'avait forcé à capituler en 1655 devant Turenne, il était gouverneur d'Ostende quand il fut fait « chastelain « gouverneur et capitaine général des chasteau « et ville de Cambray et pays de Cambresis.... » avec le gouvernement « des gens de guerre » résidant dans la ville et « l'administration de la justice civile et criminelle. » Il avait en cette qualité prêté serment entre les mains du comte de Monterey alors gouverneur capitaine général des Pays-Bas de Flandre (1). Les forces dont Zavala disposait, se composaient d'environ mille à quatorze cents chevaux commandés par le colonel de Buis (Q. 538) ou de Ris (C. 71) ou de Bis (R. 466) ; des régiments d'infanterie de Vaudemont, de Molemberg (ou Molembeck) et de Tilly ; d'un régiment hollandais, de deux régiments espagnols des vieux corps, et d'un régiment Wallon (C. 60).

Cette garnison était appuyée des seize compagnies bourgeoises, réorganisées en 1623 (2) par ordon-

---

(1) Voir sa « commission » à l'appendice.

(2) « Du huictiesme jour du mois d'apvril 1623.

« Messieurs eschevins et magistrat de la ville et cité de Cambray, ayans
« en syeucte (suite) de l'ordre à eux envoyez par Son Excellence le Marquis

nance du 9 décembre 1622, conduites par deux tambours (1). Chacune d'elle était commandée par un capitaine à la solde annuelle de 60 florins, dont un tiers à la charge de la ville et les deux autres tiers payés par les Etats de la province (2). Chaque capitaine avait sous ses ordres un enseigne et un « esgardeur » (sergent major) (3), tous assermentés (4). Chaque compagnie correspondait à un quartier spécial (5) de la ville et avait son drapeau particulier. L'effectif variait selon la population du quartier. Cette force urbaine s'élevait alors à un millier d'hommes. Ils se partageaient pour armes : 604 mousquets, 2 mousquetons, 323 fusils, 3 carabines, 41 hallebardes, 85 pistolets, 845 épées,

« Spinola par charge et mandement de la Sere ^{me} Infante, restably les
« compagnies bourgeoises, pour la garde et conservation de ceste ville, ont
« créé et comis pour cappitaines desdites compagnies, honorables per-
« sonnes : (Suivent les noms). »
Registre des offices, folio 33. (Archives communales).

(1) « A Jean Monceau et Jean Carpentier, les deux tambours de la garde
« bourgeoise, pour une année de gages, en conformité de l'ordonnance du
« 9 décembre 1622, iiij^c lxv lt. (Comptes de 1675-1676, f. 47).

(2) « Aux seize capitaines bourgeois de ceste ville, pour le tiers de leurs
« gages et honoraires allencontre de Messrs des Etats pour les deux autres
« tiers à l'advenant de soixante florins par an, pour chacun icy demie année
« escheue le v d'aoust 1677, iiij^c xx lt. » (Comptes de 1677-1678, f. 33 v.)

(3) Esgardeur, ewardeur, chargé de la partie administrative.

(4) V. *Registre des offices* (de 1619 à 1696., à diverses dates. — Voir à l'appendice, la formule du serment prêté par les capitaines.

(5) Ces compagnies étaient avant 1623, au nombre de 17 ; on lit dans le même *Registre des offices*. folio 33 :
« Henry de Boilleux pour sa compagnie qu'il avoit, à laquelle a esté adjoint
« celle de feu Michel de Hennin, à cause des maisons desmoly pour
« l'explanade de la citadelle. »

deux « pochettes, » 8 poignards et deux pièces de canon (1).

Le magistrat en fonctions comportait un prévôt, Louis Albert de Layreiz, en charge depuis 1633 ; neuf échevins : MM. Mathias Desmaretz, Jean de Baralle, licencié en droit, Philippe Mallet, Pierre de Francqueville, Jean Bourdon, Jacques de Hennin, Martin Mairesse, Antoine-Albert Canonne et Pierre de Bourchault ; deux collecteurs : Michel Clauwez et Louis de Hennin ; et deux conseillers pensionnaires : François Desgrugeliers (nommé plus tard Desgruseliers) et Bourdon (2).

Zavala ne s'était pas laissé surprendre ; malgré la surveillance de l'ennemi il avait formé, de concert avec le Magistrat, des magasins de vivres pour ses hommes, blé, farine, etc., de foin, de paille et d'avoine pour ses chevaux. La corporation des bouchers, représentée par son maieur, Charles de Ligne, avait été chargée d'acheter « les bœufs, vaches et moutons » nécessaires à l'alimentation des soldats dont un certain nombre « couchoient chaque nuit dedans les dehors » de la place (ainsi que cela

---

(1) Archives communales, série EE, II, Garde bourgeoise, 17 août 1677. Les seize capitaines étaient à cette époque : MM. « Martin Mairesse, « Anthoine Canonne, Jean-François Canonne, Doyen, de Beugnies, Desmaret, « Du Puis, Roguet, Philippe Mallet, de Baralles, Nicolas Mallet, Louis « de Hennin, Pierre Canonne et Macqfland. »

(2) *Livre contenant le renouvellement de la Loi eschevinale de la ville cité et duché de Cambray depuis sa réduction advenue le deuxième d'octobre mil cincq centz quatre-vingt-quinze.* (Manuscrit n° 1057 de la Bibliothèque communale).

continua de se pratiquer pendant le siége) (1).

Les vannes de la tour des Arquets sur l'Escaut à son entrée en ville, et celles des deux « aguerites » ou échauguettes du boulevard d'Abancourt sur les Escautins (petits bras ou dérivations du fleuve), furent baissées de façon à ne laisser pénétrer dans la cité que l'eau nécessaire au service des moulins, forçant le surplus à se répandre dans les marais le long du cours du fleuve au couchant de la place, ajoutant, de ce côté, l'inondation à la défense des approches.

Deux moulins à vent existaient l'un sur le ravelin de gauche de la porte Cantimpré, près de la tour Caudron (ou du Chaudron) (2), l'autre sur le bastion Robert (3). Il y avait en outre d'autres moulins mus par l'eau. Le premier dit « du Clicquoteau » (4), était assis sur l'un des escautins derrière l'abbaye de Prémy (5); les seconds appelés « d'entreponts, » se trouvaient sur le bras principal de la rivière en face, mais en deça, de cette même tour du Caudron ; et les derniers nommés « moulins de Selles, » entre

---

(1) « A Charles De Ligne et consors, bouchers, pour l'achapt de quantité
« de bœufs, vaches et moutons par eulx livrez pour distribuer la chaire aux
« soldats qui couchoient journellement dedans les dehors de ceste ville à
« cause du siége, payé par ordonnance de Messieurs du Magistrat, du xxj
« de février 1677, i^m viij^c lt. (Comptes de 1677-1678, f. 66.)

(2) Ce ravelin est encore désigné aujourd'hui sous ce nom : le Moulin.

(3) « Etienne Preuvolt at esté estably par Messr^s du Magistrat, bilteur
« (bluteur) du moulin de la porte Robert et en at presté serment, etc. »
(Registre des offices, 17 février 1676. — Archives.)

(4) Par onomatopée

(5) Il avait été érigé par l'archevêque Vander Burch, en 1641.

les deux ponts de la porte de ce nom, étaient également mus par le grand Escaut. Prévoyant que les deux premiers pourraient être détruits par les projectiles ennemis, et que les derniers à cause même de l'inondation ou par suite d'une coupure faite au fleuve dans la campagne, par les Français, risquaient d'être rendus inutiles, on avait fait raccommoder tous les moulins à bras de la ville (1) et chargé un certain meunier espagnol, « Antonio Loppez, » que l'on nommait plus prosaïquement Antoine, de remettre en état ceux qui avaient été installés dans la grande halle de l'hôtel de ville en 1553, pendant les courses des Français dans le Cambresis (2) et où à cette époque ils « mollaient à tous venans » (3). Des chevaux furent tenus prêts à les faire tourner (4).

On fit réparer soigneusement les deux seules pompes à incendie que possédait alors Cambrai (5)

---

(1) « A Nicolas d'Arleux charpentier, pour avoir racomodé tous les « moulins à bras de ceste ville avant et pendant le siége etc., lxxvij lt. viij s — (Compte de 1677-1678, f. 58 v., etc., etc.)

(2) « A Anthoine Loppez, monier, pour ses sallaires d'avoir racomodé et « rebattu les moeilles et moulins à bras de ceste hostel de ville, xv lt. — (Id., f. 49 v.)

(3) E. Bouly, *Dictionnaire historique de Cambrai et du Cambresis*, page 393, et manuscrit n° 884 de la Bibliothèque communale, page 133.

(4) « A Ignace Daix pour six journées de ses trois chevaulx qu'il a livré « pour faire tourner les moulins de ceste hostel de ville durant le siège, « xiiij lt. viij s. » (Comptes de 1677-1678, f 67 r.)

(5) Ces deux pompes étaient nommées *la Secourable* et *la Vigilante*. Elles restèrent les seules que possédât la ville jusqu'en janvier 1777, où « pour cause d'insuffisance » il en fut acheté une troisième.
L'arrêté du magistrat réglant le service des portefaix pour la manœuvre des pompes à incendie et de leurs accessoires, fut renouvelé le 22 février 1721. (Voir *Charges et revenus de la ville de Cambrai il y a un siècle*, par A. D. — Mémoires de la Société d'Emulation, tome xxxiii, 2e partie.)

et que manœuvraient chacune « dix porteurs au sacq » (portefaix), tandis que deux escouades de cinq membres de la même corporation traînaient ou portaient les accessoires, cuves, seaux de cuir, échelles, crochets, pics, haches, etc., qui furent aussi raccommodés (1). En même temps, on ordonna « à tous maîtres brasseurs de bière, de tenir constamment prêt un haquet chargé d'un « brassin d'eau, » pour le conduire en cas de feu, sur le lieu du sinistre.

Les sentiments religieux des Cambresiens s'étaient toujours manifestés d'une manière affirmative lors des divers événements dont ils avaient été les héros ou les victimes. En dehors du sincère esprit de foi de la population, le grand nombre de paroisses, de couvents et de communautés religieuses du chef-lieu de l'un des plus vastes diocèses (2), n'avait pas peu contribué à y entretenir en les développant, de

---

(1) « Jean Fery Gorlier » fit 81 « seaux de cuir nœuz » (247 l. 4 s.) pour la confection desquels « Michel Courcol tourneur » avait « fait deux formes. » (30 s.) et « Jacques Desmaretz avait fourni 214 livres « de cuir d'empeigne » à 13 patars, et 41 livres « de cuir de dos » à 16 patars (343 l. 16 s.), f. 49.

On trouve au folio 50 le détail des crochets, pics, etc., et plus loin, f. 55, les échelles, cuves, etc. (Compte de 1677-1678.)

(2) Cambrai comptait alors, y compris l'église métropolitaine sous le vocable de Notre-Dame, les paroisses de Saint-Aubert, Sainte-Croix avec Saint-Eloy pour succursale, Sainte-Elisabeth, Saint-Gengulphe, Saint-Georges, Saint-Géry, Saint-Louis (église de la Citadelle) sise dans la forteresse même), Sainte-Marie-Magdelaine, Saint-Martin, Saint-Nicolas et sa succursale la chapelle Saint-Fiacre, et Saint-Vaast.

Les abbayes étaient celles de Saint-Aubert et de Saint-Géry, dont les chapelles étaient paroissiales, et celle du Saint-Sépulcre.

Il y avait, en outre, les ordres religieux des Jésuites (avec leur collège), des Récollets, des Carmes et des Dominicains; puis pour les femmes, l'abbaye de Prémy de l'ordre des Augustines, les Clarisses et les Benedictines anglaises ; de plus les religieuses attachées aux hôpitaux ou s'occupant de l'enseignement des enfants pauvres.

pieuses pratiques que l'intérêt personnel ou une diplomatie conservatrice rendaient d'ailleurs obligatoires alors, même pour ceux qui manquaient de conviction. L'apport de Rome en notre ville, en 1440 (1), de l'image byzantine de Notre-Dame de Grâce, avait fourni sous un vocable nouveau, un nouvel aliment au culte de la Vierge si répandu dans les Flandres et dans le Cambresis. On avait consacré, en 1452, à cette pieuse peinture, dans l'église métropolitaine, une chapelle spéciale « très-magnifique, » dont le « tabernacle d'argent cizelé » était « éclairé à toute heure par vingt lampes de grand prix. » Le trésor de cette chapelle était considérable (R. 534), et lors de la capitulation on n'oublia pas d'en revendiquer la propriété, par l'article 10 (2). La ville s'était mise dès lors sous le patronage de Notre-Dame de Grâce, on l'invoquait en toute circonstance, un peu trop peut-être avant Dieu. Dans le danger le regard ne se tourne-t-il pas d'instinct vers le ciel: le moment était venu de l'implorer.

Le lundi 22 mars, jour même de l'arrivée des

---

(1) Par M* Foursy de Bruyelle, archidiacre de Valenciennes et chanoine de l'église de Cambrai. On le trouve désigné dans les chroniques sous ce nom ou sous ceux de Fursy du Brusle, de Bruille ou de Bruylle. Il légua, à sa mort, ce tableau au chapitre, qui le plaça en 1452, dans la chapelle de la *Sainte-Trinité*, que l'on consacra à *Notre-Dame de Grâce*.

(2) Voir la capitulation, article cité, à l'appendice.

L'auteur que nous venons de mettre à contribution ajoute, pages 533 et 534, à propos de l'église métropolitaine :

« C'est une des plus belles Eglises de l'Europe; il y a deux Jubez dont l'un
« est tout de Cuivre et très-bien travaillé; la porte du Chœur en est de
« même et toute Ciselée. Son Horloge sonne toutes les heures et demy-heures,
« un Carillon en musique. Le trésor de l'Eglise est très-considérable. » (R.).

Français en vue de la place, Messieurs du chapitre métropolitain députaient leur prévôt, Maître Jacques de Francqueville (1), au roi de France pour le supplier d'empêcher son artillerie de tirer sur leur église, ce qui leur fut accordé. De plus, dans l'assemblée qu'ils tinrent à cette même date, ils avaient décrété qu'on exposerait l'image de la « Bienheureuse Vierge Marie de Grâce, » dans la chapelle qui lui était consacrée, et où des prières quotidiennes auraient lieu désormais pour obtenir la levée du siége. Le chapitre ordonnait en outre pour le lendemain 23, une procession générale que le Magistrat et le gouverneur seraient invités à suivre et où l'on porterait par la ville le « vénérable saint-Sacrement avec l'image de la Bienheureuse Vierge Marie et les reliques des saints patrons de la cité, Saint Aubert et Saint Géry. » Ces reliques devaient également rester exposées, pendant la durée de l'investissement à la vénération des fidèles, dans l'église métropolitaine où des messes solennelles et des prières publiques seraient dites par tous les membres du clergé de la cité jusqu'à l'entière délivrance de celle-ci (2).

L'armée ennemie va commencer ses opérations. Le roi a près de lui les maréchaux de Schomberg, de Luxembourg, de La Feuillade et de Lorge ; les

---

(1) Il était pourvu de cette dignité depuis le 20 juin 1672.

(2) Acta capituli Ecclesiæ primùm Cathedralis, posteà Metropolitanæ Cameracensis. — Manuscrit de la Bibliothèque communale, n° 979, à la date indiquée.

lieutenants généraux duc de Lude, grand maître de l'artillerie, marquis de Revel, de la Cardonnière, comte d'Auvergne, et duc de Villeroy; les maréchaux de camp comte de Saint-Géran, marquis de Tilladet, chevalier de Tilladet, son frère, et le prince palatin de Birkenfeld. Les aides de camp sont le chevalier de Vendôme, les princes d'Harcourt et d'Elbœuf, les marquis Dangeau, d'Arcy, de Chiverny, de Cavoie et le chevalier de Nogent. L'armée a pour brigadiers de cavalerie Jonvelle, de la Fitte, Nonan, d'Auger, Buzenval, de Rose et Tallart; et pour brigadiers d'infanterie de Rubentel, de Salis, de Tracy, d'Huxelles, de Saint-Georges, de Villechauve et Josseau. Le premier ingénieur est Vauban, aussi maréchal de camp. En l'absence de M. de Saint-Pouange, M. de Breteuil remplit les fonctions d'intendant. (C. 53 et 54. — Q. 531.)

Les troupes de siège comprennent : les Gardes Françaises, les Gardes Suisses, Salis, Royal, Dauphin, Alsace, Picardie et Fusiliers, infanterie; les gardes du corps de Noailles, de Saint-Aignan, de Bligny, d'Audicourt, de Luxembourg, de Duras et de Lorge, les Chevau-légers, les Mousquetaires blancs, les Mousquetaires noirs, les Croates, Dauphin et Orléans, cavalerie; en tout 38 bataillons et 48 escadrons (voir le plan n° I) (1).

Louis XIV avait fait le 22 « à portée du mousquet, »

---

(1) Reproduction d'un calque faisant partie de la collection de M. V. Delattre, à l'obligeance de qui nous en devons la communication.

le tour de la ville pour la reconnaître (C. 55. — Q. 531.) Les quartiers furent distribués : le roi choisit le sien à Awoingt au sud-est, derrière la citadelle. Ses tentes se dressèrent sur la lisière même du village du côté de la ville. Il retint avec lui le maréchal de la Feuillade. Le maréchal de Lorge alla se poster à la droite du roi, fixant son quartier au château d'Escaudœuvres, sur la rive droite de l'Escaut presqu'à mi-chemin des moulins d'Aire (1) au village de Ramillies, au nord-est de la place. Le duc de Luxembourg s'installa à l'opposé, au sud-ouest, dans la cense de la Marlière (2) également sur la rive droite du fleuve, à la hauteur des moulins de Cantigneul (3). Sur l'autre rive, en regard de M. de Luxembourg s'établissait au château de la Folie (4), territoire de Fontaine-Notre-Dame, M. de Villeroy lieutenant général ; et M. de la Cardonnière, pourvu du même grade, occupait le plateau où s'élève le village de Tilloi, à la même hauteur que M. de Lorge.

En même temps, le baron de Quincy employé jusque-là, on l'a dit, à contenir la garnison espagnole, était envoyé avec son petit corps d'opération vers Bavay et Mons (C. 61), pour empêcher

---

(1) Ces moulins, propriété du chapitre Saint-Géry, faisaient partie d'un hameau nommé aussi *Erre*, dépendant de la commune de Ramillies.

(2) Ferme isolée et seigneurie.

(3) Ces moulins faisaient partie d'un hameau dépendant du village de Cantaing.

(4) Le comte de Fuentès commandant l'armée espagnole, y avait également campé pendant le siège de Cambrai, le 12 août 1595 (Manuscrit 670. — Bibliothèque communale.)

qu'on inquiétât, de ces places, les assiégeants en les menaçant par derrière; ce qui permit à ces derniers d'employer moins de monde au blocus de la ville.

Les travaux de circonvallation et de contrevallation furent activement poussés : les seconds par les troupes, les premiers par les paysans de Picardie (R. 459) au nombre de 6,000 (Q. 531), de 8,000 selon Dupont (1), requis à cet effet au nom du roi par ordre de Louvois (2). « Ils obéirent d'autant plus volontiers « qu'ils étoient depuis longtemps extrêmement foulés « par les courses continuelles de la garnison de « Cambray ; cela leur en faisoit souhaiter ardem- « ment le siége, depuis le commencement de la « guerre. » (C. 55).

La ligne de circonvallation, enfermant la place et la citadelle à une distance moyenne d'environ 2,400 toises de chaque côté du mur d'enceinte, s'appuyait à la rive droite de l'Escaut. Elle commençait, en amont, au-dessus de la Marlière et des moulins de Cantigneul. Coupant de ses redans les routes de Péronne et de Saint-Quentin, elle allait joindre

---

(1) *Histoire ecclésiastique et civile de Cambrai et du Cambresis*, par Dupont, gradué en théologie et chanoine régulier de Saint-Aubert, à Cambrai. VIIe partie (1767), pages 152 à 164.

(2) Louvois dans une lettre à Breteuil, du 17 mars, lui prescrit, en lui annonçant l'intention du roi d'assiéger Cambrai, de « faire rendre « à Péronne et à Saint-Quentin six mille pionniers ; » et il parle de huit mille dans la relation de ce siège qu'il adresse à Courtin, sous forme épistolaire, le 3 avril. (*Histoire de Louvois*, par Camille Rousset, 2e édition, tome II (1862), pages 290 et 291.

Nous indiquerons l'ouvrage par la lettre L.

Niergnies, franchissait le chemin de Guise, échancrait sur la campagne le village d'Awoingt, puis passait sur les routes du Câteau, de Landrecies, du Quesnoy, de Valenciennes (aujourd'hui chemin de Naves) et de Bouchain, pour s'arrêter, en aval, un peu plus loin que le château d'Escaudœuvres, aux fontaines bordant les marais de l'Escaut et coulant parallèlement au fleuve.

En dedans et parallèlement aussi à cette ligne, se déployait le camp français de la rive droite. Sur la rive gauche commandée par le maréchal de Schomberg, on n'avait point établi de circonvallation, sans doute parce que le pays au-delà était presque tout aux Français et que Monsieur en inquiétant Saint-Omer, occupait le prince d'Orange et l'empêchait de s'avancer de ce côté. Une simple contrevallation avait été établie entre le camp et la place. Elle était creusée, sur la rive droite dans un rayon variant de 1,000 à 1,900 toises de la ville ; elle s'appuyait au fleuve vers le nord, entre le pont d'Aire et Ramillies, passait au pied de l'éminence de Tilloi, traversait au-dessus de la Neuville-Saint-Rémi, la route de Douai, puis celle d'Arras qu'elle remontait un instant, pour joindre ensuite Sainte-Olle et venir aboutir à la cense de la Buse, au marais devant Proville, dont elle était séparée par la rivière. Elle reprenait alors, sur le bord opposé, entre le précédent village et Cantigneul, à égale distance de l'un et de l'autre, pour suivre désormais presque parallèlement encore, la circonvallation, mettant entre les deux lignes Niergnies, touchant le moulin du Sabbat, entre cette commune et Awoingt, et venant aboutir, au territoire d'Escaudœuvres, au chemin des moulins d'Aire, à peu près en face de son point de départ sur l'autre rive. Des ponts avaient été jetés en quantité suffisante sur les cours d'eau pour le service de l'armée. Entre le chemin du Quesnoy et la route de Valenciennes, dans les lignes, étaient « deux redoutes aux poudres, » et au-dessus de la dernière de ces voies, le parc d'artillerie. En avant de la contre-vallation, un bas-fond courant du sud, où il commence par une pente insensible, au nord où il touchait les marais de l'Escaut après avoir infléchi le niveau de la route de Bouchain, fut destiné à servir d'abri à la cavalerie de garde à la tranchée qu'on allait ouvrir (1).

M. de Vauban s'installa pour diriger la partie stratégique des attaques, dans une maison de bois que l'on fit pour lui, derrière un épaulement élevé pour la protéger, un peu en avant et au couchant de ce bas-fond, entre la route de Bouchain et le chemin du faubourg Saint-Roch, au nord de la ville (Plan n° II).

Le 23, les lignes de circonvallation furent bien avancées (B. 458).

Le 24, le gouverneur de Cambrai commença à donner des marques de la vigoureuse défense qu'il prétendait faire : 300 chevaux — Quincy dit 400

---

(1) Voir le plan n° 1 pour tous ces détails.

(p. 531) — sortirent par les portes de Selles et de Cantimpré qui étaient les plus rapprochées du camp ennemi et se divisant en cinq détachements (R. 458) cheminèrent séparément afin d'aborder les Français avec plus de facilité, sans courir le risque d'en être aperçus. Ils marchaient sur le quartier de Schomberg. Mais ils n'avaient pas fait cent cinquante pas, qu'ils rencontrèrent une patrouille de cavalerie sous le commandement du colonel brigadier Rose (Q. 531. — R. 459). Celui-ci chargea aussitôt les Espagnols qu'il poursuivit jusqu'à la palissade ; en tua 9, fit 2 prisonniers (R. id.) et fut blessé lui-même (C. 63 et 64) à la tête, d'un coup de mousquet (Q. id.) (1).

Les lignes de contrevallation furent achevées le 25 et celles de circonvallation le 28 (R. 459). C'est alors qu'arrivèrent au camp « quantité de volontaires, » entre autres « le Prince Thomas de Savoye comte de Soissons, le Prince Philippe Chevalier de Savoye, le Prince de Mourgues, etc. » (C. 64).

Le soir même du dimanche 28, en présence du roi, qui se tenait avec Vauban, tous deux à cheval, à la tête des travailleurs (L. p. 291), on ouvrit la tranchée au quartier de Lorge (C. 68. — R. 459. — Q. 531), à peu de distance en avant de la maison de Vauban, le long du chemin de Bouchain et le touchant presque. On la dirigea, plus tard simultanément contre deux demi-lunes, la première couvrant la porte de

---

(1) R. 459, dit à la cuisse.

Valenciennes G, H, — ce fut l'attaque dite de la gauche ; — la seconde à l'angle du château de Selles où est la fontaine Notre-Dame qu'on voit sourdre dans le glacis même au nord-est; on l'appela l'attaque de la droite. Entre les deux se trouva l'attaque du milieu qui ne fut point poussée jusqu'au fossé (1). On avait choisi ce point comme étant le plus vulnérable et de plus, à l'abri en partie du feu de la citadelle qui ne pouvait de ce côté tirer en plongeant sans risquer d'endommager la ville qu'elle aurait prise alors en écharpe, vers le bastion Robert, C. Louis XIV fit monter la première garde par Schomberg, le marquis de Revel lieutenant général, le comte de Saint-Géran, maréchal de camp, le prince d'Harcourt aide de camp, de Rubentel brigadier d'infanterie avec trois bataillons des gardes françaises, et un escadron de chacun des six corps suivants : gardes du corps de Noailles, gardes du corps de Luxembourg, Mousquetaires blancs, Croates, Dauphin et Orléans, commandés par le brigadier Jonvelle (2). Le froid était vif, le terrain détrempé profondément par les pluies; malgré la rigueur de la saison les travaux d'approche furent poussés la première nuit de 500 pas (Q. 531), — Dupont dit 2,200, mais ce chiffre est évidemment exagéré — sans parvenir encore à la portée du mousquet. Au nord-ouest en avant de la Neuville,

---

(1) Voir le plan n° II.

(2) Voir pour les gardes de tranchée pendant le siège de la ville : C. 61 a 71 et R. 459 à 466.

on établissait en même temps une batterie, O, qui ne put être achevée cette nuit. Le roi accompagné seulement du chevalier de Vendôme et du prince d'Harcourt parcourut les travaux et y demeura longtemps à cheval.

Les assiégés de leur côté n'étaient pas restés inactifs, leur feu presque permanent, dirigé avec habileté, n'avait pas cessé d'inquiéter les travailleurs mais sans résultat, à cause de l'obscurité. Au jour pointant, un coup de canon, dès lors plus sûrement adressé, partant du château de Selles, prenait en file quatre soldats occupés à la sape à l'entrée de « la grande place d'armes ou contrevallation de la place sous le mousquet, » et les tuait (C. 65. — R. 460) (1).

Les travaux se ralentirent pendant la journée du 29 à cause du tir plus précis des Espagnols. Le soir ce fut au maréchal de la Feuillade de prendre la garde avec le lieutenant général la Cardonnière, le marquis de Tilladet, maréchal de camp, le marquis de Chiverny aide de camp, le brigadier d'infanterie Salis, commandant un de ses bataillons et deux de Gardes Suisses. Il était soutenu par de la Fitte brigadier de cavalerie sous les ordres de qui se trouvaient dix escadrons : deux des gardes du corps de Duras et de de Lorge et quatre des Mousquetaires noirs, des Croates (ou Cravates R. 461).de Dauphin et d'Orléans.

---

(1) Voir également pour tous les incidents du siége de la ville, les auteurs cités à la note précédente, et aux pages indiquées ; et Q. de 531 à 532.

Le matin du mardi 30, la batterie de dix pièces (L. 291) de la Neuville étant achevée, elle dirigea pendant tout le jour son tir sur le point d'attaque de l'angle nord de la place dont elle voyait de ce côté une portion des dehors à revers. Elle fit un feu si violent qu'elle ruina une partie des défenses ; et, forçant ainsi les assiégés à lui répondre, elle favorisa le travail des sapeurs qui, à l'abri derrière leurs mantelets roulants, poussèrent la tranchée à travers le glacis jusqu'à 150 pas du chemin couvert, en n'éprouvant que peu de pertes. Il n'y eut guère que quelques soldats de blessés et un officier aux Gardes, le sieur de La Salle (R. 461).

Du côté de la porte Notre-Dame au contraire, le rempart et les avancées couvraient presque complétement la ville dont on n'apercevait que les clochers et les toits des monuments les plus élevés. L'hôtel de ville se trouvait relativement plus rapproché de l'enceinte, les deux tourelles en poivrières, de Balagny, sur la chambre de paix (1), et le campanille de l'horloge furent atteints par les boulets de canon qui trouèrent également les toitures, bien que l'ennemi ne visât point à détruire les monuments d'une ville dont il se flattait de devenir bientôt maître et qu'il faudrait ensuite réparer à grands frais. — Il est vrai que ces réparations devaient être plutôt à la charge des vaincus que des vain-

---

(1) On les trouve encore ainsi désignées dans le compte de 1785-1786, à l'occasion de la reconstruction de la façade de l'hôtel de ville, f. 17.

queurs. — Néanmoins, le magistrat avait cru prudent d'installer dans les combles de la maison commune deux « wettes » (guetteurs) (1), avec mission de donner l'alarme en cas de sinistre (2). Un projectile vint bientôt briser l'imposte d'une fenêtre (3) de l'étage où se trouvait, à l'angle de la rue de la Prison — alors rue des Viésiers (4) — « la chambre Verde, » (5) lieu ordinaire d'assemblée des échevins. Ceux-ci ne s'y croyant plus en sûreté et la gravité de la situation ne leur permettant pas de suspendre le cours de leurs délibérations, transportèrent alors le siége de leurs réunions au rez-de-chaussée, dans le logement du concierge qui prit par suite son gîte dans les caves (6).

On faisait des réquisitions de chariots, de chevaux et d'hommes pour le transport des terres et des matériaux de toute sorte qu'on employait à boucher les brèches et à réparer les dommages causés aux

---

(1) Du verbe *wettier*, regarder.

(2) « A Jacques Génot et Jacques de Lavalle, pour leurs salaires d'avoir « veillé l'espace de douze nuicts en ceste hostel de ville durant ledit siége, « à raison des bombes et boulets de canons que l'on tiroit dans ladite ville, « affin d'assister à mettre le remède au feu en cas de besoing, xix lt. iiij s. (Comptes de 1677-1678, f. 66 v.)

(3) Même compte, f. 58.

(4) Fripiers.

(5) On la trouve déjà mentionnée au commencement du xviie siècle. Voir *Argenteries de la ville* (Archives communales, série DD, III.)

(6) « Pour dépense faicte par Messieurs du magistrat en la maison « Henri Boitteau, durant le siége de ceste ville, en raison des coups de « canons que l'on tiroit sur cest hostel de ville. » (Compte de 1677-1678, f. 69 v.)

fortifications par le canon des Français (1). Pour exciter l'ardeur des troupes et celle des compagnies bourgeoises, le Magistrat faisait distribuer aux premières de l'eau-de-vie, et de la bière aux secondes (2). Le vaillant Zavala se multipliant redoublait d'efforts, essayant de tenir l'ennemi à distance par le tir continu de son artillerie et des décharges de mousqueterie.

La nuit, les Cambresiens allumaient de grands feux sur le terre-plein de la contrescarpe, pour éclairer les approches de l'ennemi le plus loin possible et en détruire plus sûrement alors les travaux. Mais c'était aussi s'exposer du même coup à donner plus d'assurance aux canonniers français que ces feux mettaient à même de reconnaître les ouvrages. Chaque jour les assiégés faisaient des sorties favorisées par les pluies qui, emplissant les lignes, rendaient le terrain glissant et empêchaient la garde de tranchée de couper les Espagnols comme elle l'eût désiré, par la difficulté qu'elle éprouvait à manœuvrer

---

(1) « A Antoine Lestivez pour avoir livré son chariot pour servir les « parapettes et boucher les advenues de la citadelle pendant le siège, payé « le vij du mois de may, xiiij lt. viij s.

« A Hierosme Cocqueau, pour ses sallaires d'avoir esté employé à registrer « plusieurs chariots, charettes et belneaux aveucq les hommes employés « pour le service de ceste ville durant le siège, payé le v may, xx lt. (Compte de 1677-1678, f. 67 r.)

(2) « A Michel Bocquet, nottaire, pour avoir tenu notice des brandevins « livrez aux soldats de ceste garnison avant et durant le siège de ceste « ville, payé (par ordonnance du 19 juillet 1677) xiiij lt. (f. 70).

« Pour seize tonnes de bierre achetées à divers pris et données par ordre « de Messieurs aux seize compagnies bourgeoises, pour rafraichissement « durant le siège de ceste ville, iiij^xx liij lt. (Compte de 1677-1678, f. 36 r.)

dans les terres fraîchement remuées. Quelques rencontres eurent lieu pourtant et donnèrent aux Français quinze prisonniers. Cette capture indisposa vivement le gouverneur : il savait de longue date combien il est facile de faire de certains captifs des espions involontaires en les questionnant adroitement sur la configuration de leur place et sur les dispositions prises par ceux de leur parti. Les Espagnols résolus à se défendre et ne sachant combien de temps le siége devait durer, tenaient peu de leur côté à se charger de bouches inutiles qui ne leur eussent rien appris de profitable à leur cause. Un ingénieur dont Zavala n'avait point goûté les plans, paraît-il, mécontent d'être méconnu, profita d'une de ces sorties pour se laisser prendre volontairement par l'ennemi (C. 68).

« Le mercredi matin (31 mars) une batterie de « six pièces était à trois cents pas de la constres- « carpe » (L. 291).

La troisième garde fut montée par le duc de Luxembourg avec le lieutenant général comte d'Auvergne, le chevalier de Tilladet, maréchal de camp, le marquis de Cavoie, aide de camp (C. 67), (Quincy dit Revel, 532), deux bataillons (trois R. 461) de Gardes Françaises et un de Salis sous Trocy et six escadrons : un des gardes du corps de Noailles, un de Luxembourg, un des Mousquetaires, un de Saint-Aignan, un de Bligny et un d'Audicourt, sous d'Auger.

Le 1ᵉʳ avril « la tranchée fut conduite jusqu'à « 150 pas de la contrescarpe avec aussi peu de pertes « que les nuits précédentes » (R. 462), (C. dit « sans « aucune perte, » 67). « Une batterie de sept pièces « était installée le matin encore à cent pas de la « contrescarpe » (L. 291).

Les assiégés avaient dû rappeler les troupes postées au dehors vers le point nord de l'attaque ; à minuit du 1ᵉʳ au 2 avril, l'ennemi put faire sans bruit, à la droite, et sans éprouver de résistance, un logement sur les deux angles saillants — celui du ravelin et l'angle à corne couvrant le château de Selles — et sur l'angle rentrant formé par le point de contact de ces deux ouvrages sur la contrescarpe, P, que les Espagnols venaient d'abandonner. Les travaux de tranchée ainsi terminés et ces communications établies, on y dressa des batteries qui battirent en brèche les trois demi-lunes non revêtues, de la porte Notre-Dame à la porte de Selles, l'ouvrage couronné de cette dernière — pris ainsi en flanc — et par suite une partie du corps de la place. M. de Vauban avait par ordre du roi, réglé l'attaque de ces divers ouvrages. Alors « les assiégés « nonobstant leur grand feu de grenades furent « extrêmement incommodés du canon des assié-« geans » (R. 462).

Le 2, le maréchal de la Feuillade était de service (quatrième garde) avec de nouveau le comte d'Auvergne, lieutenant général, et le marquis de Tilladet,

maréchal de camp. La brigade d'infanterie se composait des quatre bataillons du régiment Royal et de deux de Dauphin, commandés par d'Huxelles, avec un escadron des Gardes du corps et cinq escadrons des Chevau-légers sous Buzenval. « On fit un logement sur la contrescarpe » (R, 463). Au signal donné à dix heures du soir, par trois coups de canon partis du quartier de de Lorge, ces troupes sont lancées sur les deux demi-lunes extrêmes encore occupées (celle du milieu avait été abandonnée). « Le maréchal
« et le comte d'Auvergne qui commandaient la
« droite, poussèrent si avant qu'ils forcèrent,
« — de ce côté, — la demi-lune et une partie de
« l'ouvrage couronné » (R. 463). Après une lutte très-vive soutenue de la part des Espagnols par un feu de rempart nourri, les Français eurent le dessus, forcèrent les défenseurs à la retraite et se logèrent dans les demi-lunes. Ce ne fut pas d'ailleurs sans peine, car « les assiégés s'y défendirent avec
« beaucoup de vigueur et la prise de ces postes
« coûta 100 soldats aux assiégeants, tant morts que
« blessés » (C. 69). On prit un officier espagnol et 15 soldats. « Le reste se sauva par des caponnières » (R. 464). Les Français s'étaient emparés du même coup de l'angle à corne, mais ils essayèrent en vain de pénétrer au-delà dans l'ouvrage couronné, ils y éprouvèrent une telle résistance que le maréchal ordonna la retraite « à cause du danger qu'il y avoit
« des mines, » (R. 463) et craignant de compromettre par un brusque retour des assiégés, le demi-succès qu'il venait de remporter. « Le marquis de Tilladet

« qui commandoit la gauche, avait déjà planté les
« piquets pour faire son logement, mais on se
« contenta de se retrancher sur la contrescarpe. »
(Id. 464).

Le lendemain 3, les troupes du roi revinrent à l'attaque et furent étonnées de ne point entendre répliquer à leur feu. On craignit une ruse : « L'inquié-
« tude, dit à ce sujet Louvois (id. page 292), ayant
« pris aux grenadiers du régiment du roi de voir où
« étoient les ennemis, ils sont allés en parti dans
« les dehors ; vingt d'entre eux ont rencontré deux
« cents hommes dans une espèce d'ouvrage
« couronné qui couvre le château de Selle ; ils les
« ont poussés jusqu'à la porte de la ville que l'on a
« incivilement fermée au nez des grenadiers du
« régiment du roi, qui ont rapporté sept habits de
« soldats ou d'officiers qu'ils ont tués, et ramené
« deux prisonniers. » Les Espagnols avaient compris que battus en flanc par les nouveaux logements, en front et à revers par la batterie de la Neuville, ils essaieraient inutilement de conserver une position où ils ne pourraient se maintenir désormais qu'en risquant d'éprouver en hommes et en munitions de trop grandes pertes ; ils l'avaient évacuée après avoir repoussé l'attaque de la nuit. Le gouverneur avait reporté toutes ses forces à l'intérieur ; pressentant une catastrophe, il voulait du moins lutter le plus longtemps mais le moins désavantageusement possible, comptant toujours sur le secours qu'il était fondé à espérer du dehors.

Les Espagnols en se retirant, afin de retarder les progrès des assiégeants, avaient ruiné un premier pont que le canon français avait déjà fort endommagé. Une seule poutre, « la flèche, » était restée. L'ennemi en profita pour atteindre le second pont encore entier qui menait à la porte de Selles. « Le roi fit alors attacher le mineur au corps de la place » (Q, 532), au mur de la courtine. C'est là que « le marquis de Brosses l'allant voir attacher fut blessé » (R. 464). Comme le sinistre travailleur commençait sa funèbre besogne, enfoui déjà dans la sorte de terrier que lui avait préparé le canon, « le comte d'Auvergne par une espèce de commisération pour ceux de la ville, » prenant la caisse d'un tambour de Picardie qui se trouvait proche, « battit lui-même la chamade » (R. 465 et Dupont), d'après ce que rapportent des lettres d'officiers, témoins oculaires. Le feu du fort de Selles cessa aussitôt et Maître François Desgrugeliers, l'un des conseillers pensionnaires, sortit peu après de la ville, accompagné de Martin Mairesse, capitaine d'une compagnie bourgeoise, et de plusieurs de ses hommes alors de service au rempart. Le conseiller s'enquit au maréchal de Luxembourg, qui venait d'arriver, de ce que l'on avait à leur demander ? Le maréchal « leur répondit
« que le roi ne demandait rien et ne voulait devoir
« leur ville qu'à ses canons et à ses soldats, mais
« que c'étoit à eux qui voyaient le mineur attaché
» à leur dernière muraille de dire s'ils avoient
« quelque chose à demander ; qu'ils devoient songer
« au salut de leur cité et que si elle étoit prise par

« assaut on ne la traiteroit pas si favorablement
« que Valenciennes » (R. 465). Desgrugeliers et
Mairesse n'avaient pas qualité pour répondre ; le
premier avec les gardes bourgeoises rentra en ville
pour reporter au Magistrat et au gouverneur ce qu'il
venait d'entendre, tandis que le capitaine Mairesse
restait près du maréchal qui s'entretint courtoisement avec lui.

Puis, le feu reprenait de part et d'autre et le
mineur continuait son œuvre destructive.

Le conseiller trouva les échevins semainiers à
leur poste dans le logement du concierge, à l'hôtel
de ville. Ils avaient déjà connaissance de l'incident
par un des hommes de la compagnie du quartier
qu'on leur avait dépêché. On réunit en hâte les
prévôt et doyen du chapitre métropolitain et ceux des
autres chapitres, les échevins et les nobles, députés
aux Etats, pour délibérer sous la présidence du
gouverneur qu'on avait rencontré sur le rempart. Il
fut décidé qu'on chercherait avant tout à gagner du
temps et l'on chargea Desgrugeliers de retourner
vers les ennemis en l'autorisant à déclarer les
assiégés prêts à demander capitulation, et réclamant
pour se reconnaître et formuler leur requête, une
trêve de quarante-huit heures. Il leur en fut accordé
vingt-quatre. On convint que le feu cesserait des
deux côtés, mais que le mineur continuerait son
travail jusqu'à ce que ceux de Cambrai revinssent
savoir les conditions que le roi voudrait bien leur

accorder. Puis des otages furent échangés, « le comte d'Auvergne reçut ceux des Cambresiens, » (R. 465) et l'on se sépara. Ceci se passait le jeudi à une heure après-midi. — « Le jeudi matin, dit « encore Louvois (id.), il y avait dix-neuf hommes à « l'hôpital. » Et il ajoute : « On m'a mandé qu'il n'y « avoit eu que cinq ou six de blessés à l'attaque de « la contrescarpe ; ainsi, il sera vrai que la réduction « de la ville de Cambrai n'aura pas mis cinquante « hommes hors d'état de monter la garde pendant « huit jours. » — Le siége de la citadelle le rendra plus tard moins satisfait.

Dans la cité l'opinion publique s'était de suite prononcée pour la capitulation. Depuis le commencement de la guerre, les habitants avaient eu à supporter des charges sans cesse croissantes, les contributions levées sur la population par le dominateur, pour l'entretien de ses armées avaient aigri les Cambresiens(1). Ils voyaient autour d'eux la dévastation partout au dehors ; au dedans les ruines s'augmentaient chaque jour. Sans énumérer les maisons de personnes de tous rangs qui avaient eu à souffrir, l'hôtel de ville, ce vieux monument d'origine multiple, qui rendait les bourgeois fiers à juste titre, avait subi des dégradations importantes dont il a déjà été parlé.

---

(1) Le 26 février 1675, entre autres, les Cambresiens avaient accordé au roi d'Espagne une aide de 4,000 florins, mais la somme ne parut pas suffisante au duc de Villa Hermosa qui faisait demander le 7 mars, par Don Pedro Zavala, « d'augmenter cette somme d'une autre très-considérable. »
(Archives communales, série CC, Aides.)

Un boulet, en abattant l'angle d'une des piles de la flèche de l'horloge, avait atteint le carillon et brisé le timbre fondu en 1510 (1), date qui aurait dû rappeler plus efficacement aux citoyens l'énergie de leurs ancêtres dans leurs nombreuses tentatives d'émancipation. Un autre projectile avait emporté une jambe à notre vieux sonneur Martin ; plein de vaillance encore malgré cette ablation il n'en avait pas moins continué strictement son service de chaque heure, le mécanisme moteur n'ayant pas été atteint. Puis, raison péremptoire peut-être, « les Cambre-
« siens, bien dignes sous ce rapport de redevenir
« françois, » semblèrent « alors obéir aussi à cet
« amour du changement » qui ne nous a pas toujours donné — loin de là — ce que nous lui avons souvent demandé. Nous étions depuis quatre-vingt-deux ans les sujets de l'Espagne, c'était plus que nous ne pouvions supporter de ce joug étranger. « Cambrai,
« dit Dupont, parut oublier ses forces et ne pas faire
« usage des ressources qui l'auraient certainement
« délivré comme autrefois, tant cette ville enchantée
« par la réputation des armes de France avait conçu
« de désespoir et de pusillanimité. » Il faut laisser à l'auteur la responsabilité de son opinion et faire remarquer, une fois pour toutes, que les nombreux priviléges dont jouissait le clergé, avaient été respectés, sinon augmentés, par la domination espagnole qu'il aimait pour cette raison.

(1) Voir *Les Martins de l'Horloge de Cambrai*, par A. D., et le compte de la ville à cette date.

Bref, les Cambresiens étaient las de tous ces événements de guerre dont ils n'avaient été que les victimes.

Zavala joignait à sa grande science de la guerre, une science non moins profonde d'observation. Aucun de ces symptômes d'affaiblissement ne lui avait échappé. Il comprit qu'il ne devait plus compter sur le courage civique de ceux qu'il devait protéger. Pousser plus loin la résistance c'était, malgré la valeur de ses soldats exposer la ville aux horreurs d'une prise d'assaut, le sort de Condé et de Valenciennes effrayait les bourgeois. Le gouverneur avait donc été des premiers à parler de capitulation. Il lui restait des vivres et des munitions, il crut prudent « de conserver à son prince une garnison « composée de ses meilleures troupes et il se flattait « intérieurement de l'espérance de s'en servir pour « pouvoir défendre la citadelle, en faire traîner le « siége en longueur et donner aux confédérés le « tems de le secourir et arrêter ainsi les desseins du « Roy » (C. 70). C'est sous l'empire de ces considérations diverses que l'on avait demandé à capituler.

Le soir du 3, la sixième garde fut au maréchal de Luxembourg ; lieutenant général, duc de Villeroy ; maréchal de camp, chevalier de Tilladet ; aide de camp, chevalier de Vendôme. Les brigadiers étaient le comte de Tilladet et Villechauve conduisant, le premier cinq escadrons de Chevau-légers, et un de Gardes du corps ; le second quatre bataillons, moitié Alsace, moitié Fusiliers.

« Le dimanche 4, au matin, le maréchal fut averti « que M. de Buis commandant la cavalerie de « Cambray et M. de Covaruvias, mestre de camp « d'un terze espagnol demandaient à parler au Roy » (C. 71). Le marquis Dangeau, l'un des aides de camp, les conduisit à Awoingt et les introduisit sous la tente royale. Ils remirent à Louis XIV, au nom du gouverneur le projet de la capitulation demandée, et telle que les assiégés désiraient l'obtenir. Le roi dit qu'il la ferait examiner et régla immédiatement, avec la retraite de la garnison dans la citadelle, la manière dont la ville serait remise aux troupes françaises. Pendant que le monarque s'occupait de dicter un ordre à l'un de ses secrétaires, le marquis Dangeau manifestait son étonnement qu'il ne fût question que de la cité. De Buis lui répondit avec assurance que la citadelle arrêterait le roi jusqu'à « un nouveau mois d'avril. » Le marquis défia, en souriant, le colonel de parier avec lui dix mille écus qu'elle ne résisterait pas jusqu'au milieu du printemps bien qu'on fût sur le point d'y atteindre ; mais le commandant espagnol n'accepta point le défi. De Buis et Covaruvias furent reconduits (Q. 538. — C. 92).

Le 5 au matin, une députation du Magistrat en robe noire, M. le prévôt du chapitre métropolitain et deux des nobles députés des Etats de la province, allèrent en carrosse à Awoingt près du roi, pour lui rendre hommage et recevoir ses observations touchant la capitulation. Louis XIV était entouré de sa maison militaire, de ses gentilshommes et avait près de lui son grand aumônier, et son confesseur le Père la Chaise. Il accueillit les Cambresiens avec cette politesse empreinte d'une certaine raideur qui était le fond de son caractère. La capitulation accordée portait en substance (1) : Interdiction de la liberté de conscience ; l'exercice de la religion catholique apostolique romaine seule permise ; oubli de tous actes d'hostilité jusque là commis contre les troupes du roi ; maintien des Etats de la province avec le droit de disposer comme par le passé des revenus communaux et provinciaux et l'obligation pour le vainqueur, d'obtenir l'agrément desdits Etats pour lever l'impôt ; conservation du régime administratif et judiciaire de la cité et des priviléges accordés par l'Espagne au magistrat et au clergé les exemptant du logement militaire et de plus, pour le dernier, des impôts sur le vin et la bière ; liberté du commerce, etc., etc. En résumé le traitement était le même que celui qui avait été accordé au clergé de Tournay le 24 juin et aux bourgeois de Lille le 27 août 1667. Les autres demandes faites par la ville avaient été rejetées.

Il y avait eu, pour la conclusion des articles plusieurs contestations. « Les assiégés — en se

---

(1) Voir le texte de cette capitulation à l'appendice.

« retirant dans la citadelle — prétendoient demeurer
« maîtres d'un grand bastion qui les voyait à revers
« (le bastion Robert) et qui donnoit sur toute leur
« esplanade ; cet article ne put être décidé en leur
« faveur, à cause que c'étoit un bastion de la ville et
« que tout ce qui en dépendoit devoit demeurer
« au Roy. » Le gouverneur ayant fait demander
« que les femmes de qualité et celles des petits
« officiers et des soldats sortissent de la ville, avec
« un passeport et leurs bagages pour être conduites
« à Mons, » encore aux Espagnols, le roi répondit
« qu'il donneroit aux femmes de qualité un quartier
« dans la ville, tel qu'elles voudroient, avec une
« garde suffisante pour leur seureté, et que les
« autres, qu'on faisoit monter au nombre de 1,200,
« entreroient dans la citadelle aussi bien que les
« blessez » (R. 466, etc.). Sa Majesté permit néan-
« moins à six ou huit dames de qualité de se réfugier
« à Mons » (R. 467. — Q. 532 et Dupont).

Le prévôt du chapitre, qui était « homme d'esprit, »
pria Sa Majesté « de la part de tout le clergé » de faire
son entrée dans sa nouvelle ville. Le roi répondit
qu'il attendrait pour cela que la citadelle soit à lui
(R. 470) et donna congé.

M. de Saint-Pouange (R. 469) qui était arrivé
depuis quelques jours et avait repris ses fonctions
d'intendant de l'armée, remit aux députés la capitulation signée et un résumé des conditions auxquelles
elle avait été accordée, pour qu'on puisse en donner

connaissance à la population. Il était ainsi conçu :

« Le Roy ayant veu et leu de mot à mot les pointz
« et articles qui luy ont estez présentez par les
« Deputez de la ville de Cambray au nom tant des
« Preuvost Doyen et Chapitre de la métropolitaine,
« prélatz et autres chapitres et communauté
« composant le clergé de laditte ville de Cambray
« et pays de Cambresis, que des Preuvost Eschevins
« manans et habitans de laditte ville, des choses
« qu'ilz suplient Sa Maiesté de leur vouloir accorder
« en se soubmettant et remettant laditte ville à son
« obéissance, Sa Maiesté a accordé et accorde ausditz
« Prevost Doyen Chapitres tant de la métropolitaine
« que des Prelatz et autres chapitres et commu-
« nautez du clergé de laditte ville et pays de
« Cambresis, la mesme capitulation qu'elle a accordé
« aux chapitre et ecclésiastiques de sa ville de
« Tournay, asseurant le s^r Archeuesque de Cambray
« qu'il recevra pour ce qui le concerne des effectz
« de la clémence de Sa Maiesté et tout le bon
« traictement possible, et quant aux Prevost
« Eschevins manans et habitans de laditte ville,
« sa Maiesté leur a accordé et accorde les mêmes
« conditions et bons traictements qu'elle a cy devant
« accordé et que reçoivent les habitants de sa ville
« de Lille, promettant sa Maiesté en foy et parolle
« de Roy, de les en faire tous jouir inviolablement
« sans y contrevenir ny permettre qu'il y soit
« contrevenu, ayant sa Maiesté pour témoignage
« de sa volonté signé la présente de sa main et

« fait contresigner par l'un de ses secrétaires
« d'Estat et de ses commandemens.

« Fait au camp devant Cambray ce cinquiesme
« avril 1677.

« LOUIS. » (1)

Le même jour, l'un des deux greffiers de la ville, « en robe et en rabat » précédé d'un tambour et accompagné de deux des sergents de la prévôté « en armes et en manteau, » s'en alla publier aux carrefours principaux et sur les places publiques, où le tambour battait chaque fois « un appel, » le résumé de la capitulation qui fut de plus immédiatement imprimé, de même que celle-ci, chez Gaspar Mairesse, imprimeur et libraire, et placardé par toute la cité.

Le 5, à 5 heures du soir (R. 467) heure convenue, la porte de Selles ou de Douai fut ouverte aux Français. Deux bataillons de Gardes Françaises, un de Salis et un de Gardes Suisses, suivis d'un escadron de Gardes du corps, s'y présentèrent. Les remparts, puis les différents postes, puis les rues leur furent successivement livrés, à mesure que les Espagnols les abandonnaient en se repliant sur la citadelle où tous s'enfermèrent après avoir tiré « de la ville tout ce qui pouvoit être utile à leur « défense » (R. 468), ainsi que toute l'artillerie. D'ailleurs, quelques soldats déserteurs avaient

(1) Archives communales, série AA. 1.

affirmé aux Français, avant l'ouverture du siége, que Zavala n'avait mis dans la ville, pour sa défense, que huit pièces de canon (id. 451); ce qui paraît peu croyable eu égard à l'étendue de l'attaque à laquelle il fut répliqué sur tous les points.

Les otages furent alors rendus.

Dans le temps que les troupes du roi prirent possession de la place, ce qui se fit avec l'ordre le plus parfait, « le Comte Ferreri, Ambassadeur de
« Savoye, qui était arrivé le mesme jour dans le
« camp où il venoit résider auprès de Sa Majesté, lui témoigna au nom de leurs Altesses Royales,
« la part qu'elles prenoient à ses heureux succez,
« et il en fut reçu avec des marques particulières
« d'estime. Le cardinal d'Estrées s'y rendit aussi,
« logea avec le cardinal de Bouillon, et rendit ses
« devoirs à Sa Majesté; et après quelque séjour il
« fut nommé pour aller relever son frère ambas-
« sadeur à Rome (C. 73).

Le 6, ordre avait été donné au nom du roi, aux compagnies bourgeoises de cesser leur service. Cette mesure, dit Dupont, dans laquelle les Cambresiens virent une marque toute gratuite de défiance, les froissa vivement. La paie journalière des deux tambours de ces compagnies prit également fin, le même jour (1), et les armes furent alors

---

(1) « A Jean Bougrand et Jean François Monceau, tambours comis par
« Messrs pour la garde bourgeoise, pour cinquante-neuf jours de leurs

déposées provisoirement dans le grand grenier de l'hôtel de ville, sous la responsabilité du Magistrat (1).

« gages à compter du vj de febvrier 1677, jusques au vj d'avril suivant
« dudit an exclud que lors ladite garde at cessé, à raison de dix sols par
« jour pour châcun d'yceulx, payé lix lt. » (Compte de 1677-1678, f. 44.)

(1) Archives communales. Série EE. II, Garde bourgeoise. — Pièce citée à la note 1, page 33.

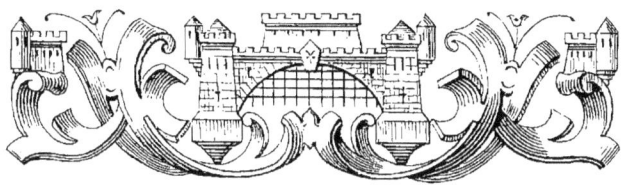

III

onsieur, frère du roi, à son arrivée le 24 mars, au camp de Blandeck, avec son armée, avait tout disposé pour le siége de Saint-Omer, aidé par « le maréchal d'Humières, « gouverneur des Pays-Bas « conquis en Flandres, et gouverneur particulier « de Lille. » Saint-Omer troublait le commerce de Calais, alors fort important, et divisant le pays conquis, entre Dunkerque et Arras, désolait le Boulonnais (C. 74), y jouant le rôle qu'avait rempli Cambrai à l'égard de la Picardie. Mais, Monsieur avait à lutter contre toutes les forces des confédérés. Il dut se borner dès l'abord, à investir la ville « sans tirer de lignes » (C. 80). Le siége à proprement parler ne commença que le 29 (id. 81).

Après la reddition de Cambrai, sa citadelle pouvait être attaquée avec moins de troupes. Le roi avait mandé le 2 avril à son frère, de faire alors ouvrir la tranchée, et déjà le 31 mars et le 1er avril il lui avait envoyé « huit bataillons des régiments de

« Lyonnois, de la Reyne, de Bourgogne et de
« Languedoc et deux régiments de dragons »
(R. 462 et C. 83) et dix pièces de campagne (L. 295).
Le jour de la trêve, pour prévenir toutes les entreprises du prince d'Orange, Louis XIV faisait partir de son camp M. de la Cardonnière, commissaire général de la cavalerie et lieutenant général, avec vingt-six escadrons destinés à renforcer l'armée de Son Altesse Royale. Il lui envoyait ensuite le 6, le maréchal de Luxembourg avec les deux compagnies des Mousquetaires, la compagnie des Grenadiers à cheval, deux bataillons de Gardes Françaises, trois des régiments suisses de Stoupp, deux du régiment Royal, un du Maine (R. 470), sous les ordres de M. de Tracy, capitaine aux Gardes et brigadier d'infanterie (C. 88).

Le soir du 5, sans plus tarder, l'attaque de la citadelle avait été résolue.

Le siége de la ville si on le compare à ce que fut celui de sa citadelle, pourrait être considéré comme une sorte de prélude de l'action principale. La vigueur de la défense, d'ailleurs égale à celle de l'attaque, jointe aux difficultés que les Français auront à surmonter donne à ce fait de guerre une réelle importance, bien que les historiens adulateurs « du roi soleil » (1) lui eussent tous, depuis, volon-

---

(1) On sait que Louis XIV représenta « le dieu de la lumière » dans plusieurs ballets dansés devant la cour; entre autres dans « *La nuit* » en 1653, et « *Hercule amoureux* » en 1662.

tiers appliqué pour cette circonstance le classique « *Veni, vidi, vinci.* » On verra par ce qui suit ce que l'on doit penser de leur manière de voir à ce sujet.

Bâtie par Charles-Quint (1543), dont la ruse avait su faire payer par les Cambresiens eux-mêmes « les chaînes qui devaient les faire ses esclaves, » cette forteresse avait remplacé le monastère de Saint-Géry, le plus ancien du Cambresis. « Elle « est située dit Quincy (531) sur une élévation « (le Mont des Bœufs) qui commande toute la ville ; « ses fossés sont taillés dans le roc ; c'est un quarré « régulier dont les bastions sont bien revêtus et « toutes les courtines couvertes de bonnes demi-« lunes. » Une esplanade la sépare du corps de la place. Ajoutons pour la clarté des indications à venir, que les capitales des bastions sont tirées dans la direction des points cardinaux, les pointes nord et ouest faisant face à la ville.

Zavala avait « abandonné à la clémence du Roy, » les 1,200 femmes de ses officiers et de ses soldats (R. 468) ; il ne voulait pas se charger de bouches inutiles et redoutait surtout que la présence des compagnes de ceux qui devaient combattre sous ses ordres, ne paralysât leur courage par la crainte qu'ils pourraient ressentir pour elles (1). Une fois renfermé

---

(1) Cette mesure, connue le jour même de la capitulation, avait donné lieu au trait suivant :

La trève allait cesser, une vedette des Français et une des Espagnols se trouvaient si rapprochées qu'elles avaient lié conversation. Le français dit à

dans la citadelle avec toute sa garnison, le gouverneur fit mettre une partie des chevaux dans les fossés, n'ayant point assez de place au dedans du fort pour les y loger sans embarras. Il fit de plus tuer ceux qui lui étaient devenus inutiles, n'en gardant que dix par compagnie, afin d'économiser ses fourrages. Mais, ses cavaliers ne pouvant se résoudre à cette nécessité, douloureuse pour bon nombre de ces hommes qui aimaient le compagnon de leurs aventures, il fallut faire venir l'exécuteur « de la haute justice, » de Cambrai, Antoine Fleury lequel par privilége, avait seul le droit d'abattre les chevaux dans la ville et sa banlieue (1). Zavala pourvu de vivres et de munitions se disposa à une vigoureuse résistance, « résolu à tenir ferme au moins trois mois » (R. 468), dans un lieu dont « la nature et
« l'art avaient rendu la situation si terrible, dans l'opi-
« nion vulgaire (2), qu'on ne doûtait pas dans tout
« le Pays-Bas que cette Forterèsse ne fût le cimetière
« de tous les Français qui s'attacheroient à la vouloir
« prendre » (C. 92). « Il exigea de ses soldats de
« nouveaux serments de fidélité et donna enfin toutes

l'espagnol « qu'il devoit mieux songer à ce qu'il alloit faire, qu'il falloit être
« bien aveugle de s'enfermer dans la citadelle où l'on n'avoit point voulu
« recevoir leurs femmes, et que les Français étant maitres de la ville il
« trouveroit à son retour qu'on y auroit bien fait des affaires. » Cette réflexion donna de telles appréhensions au soldat de Zavala, qu'il jeta incontinent son mousquet et courut se rendre aux Français, préférant heroïquement rester près de sa femme (R. 469).

(2) Archives communales, série FF, III. Police.

(3) Cette opinion, Boileau la partageait encore lorsqu'il nommait, un peu plus tard, dans son Epitre VI, à Lamoignon :
« .... Cambrai, des Français l'épouvantable écueil. »

« les marques d'un homme qui par une défense
« extraordinaire voulait rétablir l'honneur de sa
« nation » (1). D'ailleurs, s'il faut en croire les
auteurs qui avaient intérêt à grandir la gloire du
roi, Zavala en se disposant à se défendre aurait dit
que « on verrait faire les Moissons avant que
« Sa Majesté Très-Chrétienne se fût rendu maître
« de la citadelle. » (R. 535).

Le soir du 5, Louis XIV avait fait barricader les
rues de l'Epine-en-Pied, Q, et de Saint-Jean, R, qui
aboutissent à l'Esplanade, afin d'isoler complétement la citadelle (2). Deux batteries furent com-
mencées, l'une dans la ville sur le bastion Robert
ou du moulin (R. 513), C, à l'extrémité du rempart
à gauche de l'assiégeant ; l'autre au dehors, au
quartier de Lorge. « La grande place d'armes
« sous le mousquet — la même tranchée qui avait
« déjà servi pour l'attaque de la ville — fut encore
« poussée vers la gauche contre la citadelle »
(R. 610). Cette tranchée coupait la route de Bouchain
et remontant vers la pointe de la demi-lune qui
couvrait ce même bastion Robert, permettait
d'établir presque à la bifurcation de cette route et
de celle de Valenciennes, la seconde batterie dont
il vient d'être parlé, S. Ces batteries frappaient
ainsi les deux faces du bastion Nord ou n° 1, aussi
nommé bastion Saint-Charles. La seconde menaçait

---

(1) Racine. — *Précis historique*, etc.

(2) Voir le plan n° 11 pour les indications relatives au siège de la citadelle.

en outre « les demi-lunes qui ont leur aspect du côté de la ville. » (C. 94).

La tranchée avait été en même temps ouverte sur l'esplanade, les avenues des rues gabionnées et un logement fait à leur jonction vers le fort, au bord inférieur du glacis. Les assiégés se contentèrent de répondre à ces menaçants préparatifs par le feu de leurs canons et de la mousqueterie et tuèrent ou blessèrent ainsi plus de vingt-cinq hommes de la garde de la tranchée. (C. 95).

Le roi à cause des détachements qu'il avait envoyés à Monsieur, ordonna qu'il n'y ait plus qu'un officier général à chaque garde ; il voulait par tous les moyens conserver ses soldats le plus possible « désirant bien plutôt sacrifier le temps que ses « troupes. » (C. 94). Tous les travaux furent poussés avec activité pendant les jours suivants.

« Le 6, le marquis de Louvois après avoir mis
« les places conquises en état de rien appréhender
« de la part des confédérés, » était revenu au camp devant Cambrai. « Le duc de Villeroy sous le
« maréchal de Schomberg occupa (à la Marlière) le
« quartier du maréchal de Luxembourg » partie jour même pour l'armée de Saint-Omer. (C. 95).

La nuit du 6 au 7, la tranchée ayant été relevée, les Suisses travaillèrent toute la nuit du côté de la ville à pousser leurs logements. « Les assiégés firent
« une sortie et vinrent jusqu'à l'endroit où le sieur

« de Vigny, capitaine des bombardiers (1), prenait
« ses mesures pour loger ses mortiers. » (R. 510).
De Vigny en profita pour se mêler aux Espagnols
qu'il accompagna jusqu'à la contrescarpe afin de
reconnaître le plus possible les abords ; il faillit
s'attirer un mauvais parti en revenant, ayant été
pris alors pour un espion, par les Suisses. Quelques
travailleurs avaient cédé devant les Espagnols, ils
furent ramenés par leurs officiers et les assiégés
repoussés.

Une seconde sortie n'eut point pour ceux-ci plus
de succès.

Le 7 de grand matin, les deux batteries françaises
étaient « en état de tirer, bien que le canon des
« assiégez, monté sur des cavaliers fort élevez et
« qui découvraient tout ce qui se passait dans la
« plaine, eût tué plusieurs travailleurs et le sieur
« de Charmants, commissaire de l'artillerie, homme
« de grande réputation ; et emporté le bras d'un
« autre officier. La force du coup luy fit tomber
« le chapeau qu'il ramassa froidement de l'autre
« main. » Le même jour, Des Autours lieutenant
aux Gardes qui allait, à cheval, visiter les travaux
et venait du camp, eut aussi les deux bras emportés
d'un coup de canon ; il en mourut trois heures après.
Un boulet ayant culbuté un gabion, derrière lequel
se trouvait le comte d'Auvergne « qui étoit de jour, »
le couvrit de pierres dont l'une le blessa au visage.

---

(1) Deux compagnies de bombardiers avaient été créées en 1676. — L. 333.

« la fièvre l'ayant saisi, le Roy lui fit donner sa
« litière pour le conduire à la plus prochaine ville. »
(R. 511 etc.)

La nuit du 7 au 8, la tranchée atteignit à quarante pas du côté de la ville. De Vigny avait mis plusieurs mortiers en place, il envoya une infinité de bombes et de « carcasses » (1) sur la citadelle où elles causèrent de grands dégats. Les toitures de divers bâtiments furent abattues ou effondrées, et l'un des projectiles en éclatant dans un magasin de grenades, le fit sauter et les débris furent consumés.

Le fort ripostait vivement et criblait aussi de ses bombes les logements des assaillants. Quelques-unes arrivèrent jusque dans la ville (2). Elles produisaient peu d'effet, « soit que la matière fut
« vieille ou qu'elles fussent mal adressées.... Elles
« étoient si petites et si foibles qu'en tombant elles
« se cassoient sur le pavé (R. 514). » De Catinat major général des Gardes, avait envoyé le sieur Beauregard et le marquis d'Anglurre, avec douze ou quinze de leurs meilleurs hommes et un sergent pour soutenir les sapeurs. Les assiégés au nombre d'une quarantaine étant sortis de nouveau, se portèrent d'abord du côté du marquis dont les hommes les repoussèrent. Une seconde tentative des Espagnols vers la gauche,

---

(1) Projectile incendiaire, sorte de bombe qu'on lançait avec le mortier. La carcasse se composait de deux cercles de fer se croisant, recouverts d'une toile goudronnée et contenant des grenades et des feux d'artifices. On s'en servait à peu près comme du feu grégeois.

(2) Voir plus haut la note 2 de la page 48.

n'eut pas plus de succès. En même temps, on faisait sur le bastion Robert un logement où le 8 au matin furent dressées une batterie de huit pièces de canon et une autre de mortiers. De Megnac commissaire de l'artillerie fut tué le même jour (R. 513).

Du 8 au 9, la tranchée gagna encore du terrain et à cette dernière date « on acheva la communication des travaux » (C. 96). La ligne circonscrivait deux des côtés ou courtines du fort : sur la campagne où elle était à cinquante pas de la contrescarpe, et sur la ville à trente pas. Cette ligne suivait toutes les inflexions du plan de la citadelle. Une nouvelle batterie de dix pièces sous Tibergeau était achevée au bastion Robert (1). Une autre de sept, sous d'Alinville se dressait sur le bastion Saint-Georges D, (2), « vers l'ancienne porte de France, » (porte Saint-Georges). La première battait la porte et le pont de la citadelle et la face nord du bastion n° 2, ou de l'Ouest que Quincy et (R. 514) nomment le bastion neuf et qu'on appelait aussi bastion Saint-Pierre. La seconde batterie insultait le bastion n° 3 ou de Saint-Jean du Canon, au sud, et inquiétait « la porte de secours (R. 514). » Des pierriers lançaient également sur la forteresse « certains mannequins » (R. 514) dont la mitraille « de pierres et de grès » faisait de dangereuses blessures. Enfin trois autres batteries nouvelles, étaient encore dressées. La première, T, était

---

(1) R. le nomme bastion du moulin, on sait pourquoi.
(2) Le même auteur l'appelle bastion Sainte-Barbe.

postée entre le dernier pâté de maisons de la rue aboutissant à la Porte-Neuve ou de Berlaymont et le mur d'enceinte dans lequel cette porte était percée ; la seconde, U, se trouvait en avant de la première et la troisième était assise devant la pointe du bastion n° 2 (R. 513, 514).

Les Cambresiens, il faut le croire, s'étaient familiarisés avec le bruit du canon, des bombes et de la mousqueterie qui depuis dix-huit jours et autant de nuits retentissait à leurs oreilles. Les marchands les premiers avaient repris leur activité mercantile ; le Magistrat siégeait, s'occupait des affaires administratives et rendait la justice. Le chapitre métropolitain qui avait cessé depuis le 22 mars, date de sa dernière séance de s'assembler régulièrement, se réunissait de nouveau le 9 avril. « Messieurs, — disent les actes capitulaires à cette
« date — vont ce jour rendre les grâces les plus
« grandes à Monsieur le Prévôt, pour toutes les
« peines qu'il a prises et les services qu'il a rendus
« tant au chapitre qu'à la cité, dans les diverses
« démarches qu'il a faites près du Roi Très-Chrétien,
« à l'occasion du présent siége, que pour préserver
« l'église et sa flèche de la ruine et pour obtenir
« une capitulation favorable. » Et, comme il est sage de penser à tout, dans la même assemblée on délibérait sur le rachat des cloches et des métaux revendiqués par l'artillerie française en vertu des lois de la guerre ; sujet sur lequel on aura l'occasion de revenir plus loin.

Le même jour on travailla dans le fossé pour s'approcher de la pointe du bastion Nord. L'ingénieur Faucher, en visitant les sapes y fut tué d'un coup de mousquet à la tête (R. 515).

Les Français continuèrent à foudroyer la forteresse avec une telle violence que ceux qui l'occupaient durent se retirer dans les casemates après qu'un magasin de bois eût été brûlé et le corps de garde de la porte abattu et ruiné.

Le 10, « l'on poussa une ligne de trois cens pas pour aller à la citadelle » (Q. 539), à travers le glacis. C'est alors que « sur le midi » (id.) le marquis de Revel (C. 97 — (R. 516) lieutenant général, maître de camp de la cavalerie légère, homme d'illustre naissance et d'un grand service et particulièrement estimé pour son expérience de la guerre, fut tué d'un coup de canon. Le duc de Villeroy allait de la tranchée au camp par la porte Notre-Dame dont le chemin était battu par le canon de la citadelle, le duc suivait les marquis d'Arcy et de Revel ; celui-ci averti de la présence de M. de Villeroy se retourna pour aller au-devant de lui, « et, voyant en même temps mettre « le feu au canon des ennemis, il dit, par un pres- « sentiment fatal : *Voilà qui est pour nous.* » Le boulet lui coupa la parole en lui donnant aussitôt dans le milieu du corps (R. 516). Dans l'après-midi, Le Tillier, commissaire de l'artillerie, était aussi frappé à mort (id. 515).

« Cependant, la garnison de Cambrai qui avait pu

« sembler si molle dans la défense de la ville, avait,
« contre l'attente des Français, retrouvé son
« énergie » dans la citadelle et se défendait
bravement. Pourtant, l'opinion des derniers était que
ce siége ne devait point prendre trop de temps. Le
11, l'intendant Le Peletier écrivant, de Lille, à son
ami le baron de Vuoerden, l'un des quatre baillis
des Etats de cette ville, chevalier d'honneur au
conseil souverain de Tournai et alors député pour
le règlement des frontières entre les Français et les
Espagnols, lui disait entre autres choses : « Voici
« ma petite gazette qui vous apprendra l'état des
« siéges (de Saint-Omer et de Cambrai). Je prévois
« que ce qui est resté devant Cambray, aura le
« temps de joindre Monsieur, et que nous mettrons
« l'avanture à fin, à la barbe de M. le prince
« d'Orange (1).

Ce jour même, Son Altesse Royale gagnait la
bataille de Cassel.

De son côté, Louvois disait deux jours après,
le 13, dans une lettre à M. de Luxembourg alors
à l'armée de Monsieur : « Il y a apparence que
« M. de Zavala Pedro n'achèvera pas le carême dans
« la casemate qu'il habite depuis quinze jours »
(L. 301) : M. de Zavala avait été blessé.

Le 11, les places d'armes devant la citadelle
étaient achevées en avant de la ligne terminée le 9.
On prépara l'attaque de la demi-lune couvrant la

---

(1) Bibliothèque communale. — Manuscrits. — Carton n° 690.

porte, M. Les assiégés prévinrent cette attaque par une grande sortie, avec cavalerie et infanterie, en tombant à l'improviste sur les travailleurs. Le marquis de Tilladet, maréchal de camp, et le marquis d'Huxelles, brigadier d'infanterie, qui étaient de tranchée, amenèrent leurs troupes. L'engagement eut lieu. Pendant la lutte, le marquis d'Harcourt Beuvron, par ordre du roi et de l'officier général qui commandait, lança le régiment de Picardie sur l'ouvrage, où deux capitaines de ce corps, Champreux et Courtenain avec une centaine de leurs soldats, parvenaient à se loger, non sans que le terrain leur eût été opiniâtrément disputé. Dans cette « grande demi-lune revêtue et très-bien « cazematée, avec des créneaux à trois gueules qui « défendoient le fossé, et deux grandes caponnières, « les Français étant entrés dans les cazemates, « avec beaucoup de vigueur, y furent fort incom- « modez du feu qui s'y mit par le moyen des « poudres que les ennemis y avoient laissées et « dont ils avoient fait des traînées. On se logea « à la gorge de cette demi-lune (R. 517 et 518). » L'affaire fut assez sanglante ; les assiégés y perdirent pour leur part plus de cent hommes, tant tués que blessés ; ils furent enfin repoussés jusqu'au chemin couvert.

On dressa le même jour « deux batteries, à « l'attaque de gauche pour battre une demi-lune du « corps de la citadelle (id. 518). »

La nuit du 11 au 12, le maréchal de Schomberg,

le chevalier de Tilladet, maréchal de camp, et le prince d'Elbœuf, aide de camp étaient de garde et les Suisses de tranchée. Le roi ordonna au duc « d'attaquer toute la contrescarpe du côté de « l'Esplanade, » tandis qu'on essaierait de faire hors la ville « un logement par le bord du fossé à « gauche, » où commandait un brigadier. On forma des détachements de 200 hommes des Gardes Françaises du régiment du roi, commandés par d'Avezan et le chevalier de Mirabeau, leurs capitaines, et autant des régiments Dauphin, Picardie et Fusiliers. A minuit, au dernier coup que devait tirer la batterie de 8 pièces de Tibergeau, on marcha dans le plus grand silence jusqu'à la contrescarpe, où, une fois arrivés et selon l'ordre donné, les soldats poussèrent le cri retentissant de : « Vive le Roi ! » l'accompagnant « d'un grand feu des « mousquets et de certaines machines de verre « pleines de poudre, qui ne manquaient jamais de « s'allumer en les jetant. » On suivit, faisant toujours grand feu et forçant tout ce que l'on rencontrait, « jusques à une guérite du rempart « de la ville qui aboutissait sur le fossé de la « citadelle. » Les assiégés ripostèrent alors en lançant « des grenades dont la plupart tomboient « hors le chemin couvert, à cause de la largeur « du fossé. » Le feu des Français avait duré trois heures et se ralentissait faute de munitions, par lassitude des soldats et à cause que les mousquets commençaient à s'échauffer extraordinairement. Les assiégés profitèrent de cette circonstance : de vieux corps espagnols, postés sur la courtine et la face du bastion firent jusqu'au jour un feu terrible de mousqueterie, — « le Roy lui-même dit qu'il n'en avait « jamais vu un si grand ; » — malgré ce feu le logement put être achevé. Ce ne fut pas sans des pertes sérieuses pour les troupes de Sa Majesté (R. 518), car dans cette affaire où l'on vit le maréchal de Schomberg, le pistolet au poing charger jusqu'à la palissade, à la tête de ses troupes (R. 537), les morts furent nombreux des deux parts (id. 521). Les Français éprouvèrent une résistance opiniâtre, qui mit hors de combat nombre d'assaillants tués ou blessés, entre autres, un sous-lieutenant de Catinat tué, six officiers des Gardes, du Rouvray baron d'Arcancy, D'Arnouil, de Courtenay, Sautour, Boisy, Le Jay, Vauroug, Parfait, le fils du colonel Lockman (1), les chevaliers Boïn et Constantin et le comte d'Auvergne furent blessés (R. 521 et C. 99). Le chiffre des pertes ne fut pas moins de cinquante tués et 260 blessés (L. 301). Pendant douze heures on n'avait pas cessé, simultanément, de faire à coups de canon, à la face du bastion nord, le logement du mineur (R. id.).

Mais, la nouvelle du grand succès remporté le 11 par Monsieur, sur le prince d'Orange, était arrivée au camp devant Cambrai. Si dans la bataille de Cassel les pertes avaient été trop sensibles pour le vainqueur comme pour le vaincu, cette victoire

---

(1) C. 99, lit tués; R. 521, blessés.

avait du moins pour le premier cet avantage qu'elle lui promettait dans son entreprise contre Saint-Omer, un nouveau et prochain succès. Cet événement fut célébré le 12, chez les assiégeants, par trois salves de tout leur canon et de toute leur mousqueterie. Ce bruit retentit d'autant plus péniblement au cœur de Zavala qu'il en pressentit le motif sans savoir précisément à quel revers des siens il devait l'attribuer. Les troupes françaises redoublèrent d'ardeur.

Du 12 au 13 on continua la communication des attaques vers celle des gardes. Le logement sur le chemin couvert étant assuré, on travailla sur la contrescarpe à trois batteries de brèche de quinze pièces (L. 301) et au dehors à gauche, dans le fossé de la ville, à une batterie de trois pièces pour ruiner le mur séparant ce fossé de celui de la citadelle. Cette batterie devait en outre — en même temps qu'un « détachement de gardes à cheval de la « maison du Roy, tous gens d'élite, commandé par « Riotot (1), » — soutenir le mineur attaché à celle des faces du bastion nord qui regarde la campagne. Les Espagnols ayant eu soupçon de ce qui se pratiquait au pied de leur muraille, envoyèrent, de nuit, Covaruvias pour reconnaître ce qui se passait dans

---

(1) Ces gardes s'étaient fort distingués au siége de Valenciennes. « On les « appelait familièrement dans l'armée les *Riotorts*, du nom de leur com- « mandant, ils servaient comme les mousquetaires indifféremment à pied ou « à cheval (L. 286).

Riotot fut tué l'année suivante au siége d'Ypres, dans la nuit du 24 au 25 mars.

le fossé ; il en fut quitte pour un coup de mousquet qui le décoiffa (R. 522).

Dans la nuit du 13 au 14, on travailla encore aux logements et aux places d'armes qui furent élargis : « Le mineur fit son retour (1) et commença « un rameau. On travailla également à cinq « batteries à la gauche » (R. id.), en même temps qu'à deux descentes dans le fossé de la demi-lune et à un logement, pour un nouveau mineur, que prépara une batterie de quatre pièces (C. 99).

Grand feu des assiégés pendant toute la nuit. Le 14, à 9 heures du matin, le duc de Villeroy, lieutenant général étant de jour, fit attaquer du côté de l'esplanade, par le brigadier d'infanterie Rubentel, le marquis Dangeau aide de camp, tous de garde, et deux bataillons de Dauphin. A la même heure, un bataillon du régiment du roi et un de Fusiliers, protégés par le feu des batteries, marchaient au dehors, à l'attaque de la gauche, sur une demi-lune de terre nommée la « demi-lune verte, » K, qui, bien que revêtue à la gorge, avait été déjà presque entièrement ruinée par le canon. Elle fut prise. « Le gouverneur qui ne pouvait pas « souffrir qu'on l'eût ainsi emportée en plein jour, (C. 137) » et qui comprenait l'influence que cet avantage exerçait sur l'ardeur des assiégeants par la confiance qu'il leur donnait, détacha ses meilleurs officiers et ses plus braves soldats — « un régiment

---

(1) Changement de direction à angle droit.

irlandais et quelques Espagnols » (Q. 539) — pour reprendre l'ouvrage avant que les Français commençassent à s'y loger. Les soldats de Zavala s'y établirent alors eux-mêmes, et s'y maintinrent. Mais ayant voulu pousser plus avant, en lançant des grenades, pour détruire la tête des travaux des assiégeants, ils furent ramenés dans la demi-lune par le duc de Villeroy. Celui-ci par manque d'outils et d'hommes, s'abstint alors de charger les Espagnols plus avant. D'Etouville, Dort, neveu de Feuquières, l'ingénieur Parizot, furent blessés dans cette affaire où se distinguèrent les marquis Dangeau et de Palaiseau, le fils du maréchal de Clerembaut, les chevaliers de Beuvron et d'Harcourt, les vicomtes de Meaux et de Corbeil, d'Ozenay, capitaine dans Dauphin, Vaudragon-Chappuis, lieutenant au même régiment, D'Agicourt, Asfeld, suédois de naissance, et l'ingénieur Goulon (1). Cet engagement coûta aux Français, « vingt-cinq « officiers tués ou blessés, cinquante soldats tués « sur la place et deux cents de blessés, » pertes que l'on eût évitées, en partie du moins, « si l'on avait suivi l'avis de Vauban » (L. 302). On verra pourquoi tout à l'heure.

Au nombre des officiers blessés, était François Oger de Cavoie, chevalier de la Boissière, capitaine dans le régiment des Fusiliers royaux. Il avait

---

(1) Il fut, plus tard, fait capitaine de la seconde compagnie de mineurs, créée en 1679, au camp de Maintenon. La première avait été établie en 1673. — L. 334, et Vauban, *Attaque et défense des places*, t. II, p. 2.

reçu deux coups de mousquet dont l'un lui traversant la poitrine lui faisait monter le sang à la bouche à chaque expiration. Quatre de ses soldats le transportaient des lignes à la ville pour l'y faire panser. Comme ils approchaient de la porte Notre-Dame, ils furent rencontrés par Louis XIV qui s'arrêta pour adresser à son officier quelques paroles de consolation. Oger de Cavoie fit un effort pour répondre, un flot de sang l'en empêcha ; il ne put que porter à ses lèvres la main du roi en y laissant une trace vermeille. Il mourut le lendemain, il avait vingt-cinq ans (1).

Les assiégés demandèrent à deux heures, pour relever leurs morts, une trêve qui dura trois quarts d'heure. On leur apprit alors la victoire de Monsieur sur le prince d'Orange, et le duc de Villeroy et le marquis Dangeau s'entretinrent dans cette occasion avec le colonel Covaruvias resté sur le bastion où le

---

(1) Il fut enterré dans l'une des églises de Cambrai. Les débris de sa pierre tumulaire existent encore dans le jardin de la bibliothèque communale où ils ont été abrités. On y lit le fragment d'inscription suivante :

« Ci gist Me^{re} François Oger de Cavoie vivant chev^{er} seig^r de la Boissière, « cap^{ne} dans le régim^t des fusiliers du Roy, fils de Me^{re} Gilbert Oger de « Cavoie. chev^{er} Seig^r dud. lieu, Beaufort, Bouchoire, Haucourt et austres « lieus. gentil^{me} de la chamb. de Sa (Majes)té, et de dame Magdeleine « Aubry....... lequel après sestre Signalé.......e de la demy Lune verte « de la (citadel)le de cette Ville, blessé de deux (coup)s de Mousquet « Mourut le lendemain .... avril 1677, à L'aage de 25 ans. Il eust la Ioie « avant mourir estant porté du camp en Cette Ville de Parler à Son (R)oy, « den Estre Consolé et regreté en (ter)mes fort avantageus ce quy luy (fit « souffr)ir la mort avec plus de.... (et) de res(ignation). » Cette épitaphe est précédée de deux écus ovales accolés sommés d'une couronne de comte, gravés sans indication d'émaux. Le premier porte une bande chargée de trois lions, le second est burelé de onze pièces.

mineur était attaché, et lui en montrèrent le trou (R. 525).

On fit entre le 15 et le 16 un logement à la gorge de la demi-lune devant la porte de la citadelle et un autre à la contrescarpe d'une autre demi-lune ; un seul français fut tué (id. 526).

Le 15, à la nuit, le comte de Saint-Géran maréchal de camp, le brigadier Josseau, l'aide de camp marquis de Chiverny, étant de tranchée avec deux bataillons de Picardie, pénétrèrent malgré les efforts des Espagnols, qui furent tous pris ou tués, dans cette même demi-lune déjà prise et reprise le matin du 14. Ils s'y maintinrent et l'on y pratiqua un logement à la pointe, pendant que deux bataillons des Gardes défendaient les travaux sur la droite ; le capitaine Magno du régiment Dauphin y fut blessé (R. 526). « On n'y perdit que cinq soldats tués ou blessés (L. 305). »

Le roi ne jugeant pas la possession de cet ouvrage bien nécessaire, attendu qu'il se trouvait sur la gauche hors des attaques, avait ordonné de ne point s'opiniâtrer à le prendre, mais les sentinelles avancées et les petites gardes, avaient pour ainsi dire engagé l'action (C. 138).

Ces attaques réitérées avaient donné lieu, en présence du roi, à un conflit entre Vauban et Dumetz fait maréchal de camp en 1676, le meilleur officier d'artillerie de son temps, d'un grand savoir et d'une

égale vivacité de caractère. « Vauban, dit Racine (1)
« n'étoit pas d'avis qu'on attaquât la demi-lune de la
« citadelle, avant qu'on eût bien assuré cette
« attaque. Dumetz, brave homme mais chaud et
« emporté, persuada au Roi de ne pas différer
« davantage. Ce fut dans cette contestation que
« Vauban dit au Roi : « Vous perdrez peut-être à
« cette attaque tel homme qui vaut mieux que la
« place. » Dumetz l'emporta, la demi-lune fut
« attaquée et prise, mais les ennemis y étant revenus
« avec un feu épouvantable, ils la reprirent, et
« le Roi y perdit plus de quatre cents hommes et
« quarante officiers. Vauban deux jours après,
« l'attaqua dans les formes et s'en rendit maître sans
« y perdre plus de trois hommes. Le roi promit
« qu'une autre fois il le laisseroit faire. »

D'Alinville avait le même jour par ordre de ce
même Dumetz, installé trois nouvelles batteries qui
firent au bastion neuf ou de l'Ouest, une brèche telle
que les Espagnols crurent prudent de retirer leur
artillerie pour ne pas la perdre dans l'éboulement
du bastion, qu'ils craignaient de voir se produire.
Ils avancèrent alors pour défendre l'accès, des
chevaux de frise (R. 526 — 527).

On a vu que dès le 12, on avait attaché trois
mineurs au bastion Nord ; la mine était prête à
jouer. Le 16, un autre mineur commençait égale-

(1) Racine : *Fragments historiques.* — Anecdotes.

ment son travail d'anéantissement au pied du bastion Ouest.

Le matin, le roi commanda une cessation d'armes (C. 139). Le maréchal de la Feuillade étant de garde avec le marquis de Cavoie, aide de camp, Louis XIV envoya le chevalier de Nogent (C. 139), aussi son aide de camp, vers le gouverneur pour lui faire entendre qu'il « avoit fait pour la défense de la Place
« tout ce que les lois de la guerre demandoient
« d'un homme de sa valeur et de sa réputation ; que
« l'armée dont il pouvoit attendre quelque secours
« estoit entièrement défaite sans espérance de
« pouvoir se rétablir ; que les demy-Lunes
« et tous les dehors estoient pris ; qu'il y
« avoit plusieurs brèches faites et des mines
« pour en faire de plus grandes, et qu'enfin
« il ne devoit pas s'opiniâtrer à une plus longue
« défense qui ne serviroit qu'à faire périr encore
« quantité de vaillans hommes de l'un et de
« l'autre parti ; — que s'il s'obstinoit à se défendre
« davantage, il ne devoit point espérer d'autre party
« que celui d'être forcé par les armes ou de se rendre
« à discrétion ; — ce qu'il devoit éviter pendant
« qu'il estoit en état de faire une capitulation
« honorable et avantageuse (C. 139. — R. 527). »

« Le gouverneur régala ceux qui l'étoient venu
« sommer, il leur fit boire le plus excellent vin
« d'Espagne qu'il y eût (R. 528). » Après avoir tenu conseil, il renvoya sa réponse écrite, à Louis XIV par le même M. de Nogent (Dupont dit Catinat).

Zavala y remerciait le roi de sa bonté, se disait encore en état de se défendre et ajoutait que quand la mine ruinerait les bastions attaqués il lui en resterait encore deux où il pourrait se loger sûrement, et de bons retranchements, « qu'il espéroit ne pas
« se rendre indigne de la clémence de Sa Majesté en
« continuant à se défendre, qu'au contraire il méri-
« teroit par là son estime (Dupont) et sa générosité
« ordinaire envers les soldats qui ont fait leur
« devoir (C. 140). »

Le roi dès qu'il connut cette réponse, commanda aussitôt qu'on relevât la tranchée ; les batteries et les corps de garde à portée de la mine furent évacués et celle-ci joua peu après, au bastion Nord. Toute la pointe s'abîma, du bas en haut sur une étendue de dix toises, comblant à demi le fossé de ses débris. Les batteries achevèrent ensuite d'élargir la brèche par des décharges tirées en salve et visant le pied. De l'entrée de la nuit, le 15, au soleil couché le 16, on avait tiré cinq mille coups de canon. « Il y avait
« treize ou quatorze pièces qui voyaient la brèche,
« qui n'y laissoient paroître personne sans être
« emporté ; et plusieurs fois l'on y fit monter cinq
« ou six grenadiers qui criant : « Tue ! tue ! »
« obligeoient le bataillon qui défendoit la
« brèche à se montrer et à s'exposer au feu de
« cette artillerie qui étoit pointée dessus (L. 305). »

Le maréchal de la Feuillade vint la reconnaître (R. 540) ; ne la trouvant pas suffisante on attacha deux nouveaux mineurs aux deux faces pour y faire d'autres ouvertures qui se joignissent à la première (Dupont). Ce travail n'avançant pas assez vite on recourut encore au canon. Un feu violent d'artillerie porta en quelques heures l'ouverture à quarante pieds (Q. 540), tandis que la terre et les pierres s'écrasant sous le choc des boulets, achevaient de remplir le fossé où les Français jetèrent des fascines.

L'assaut aurait pu être donné alors ; les soldats impatients accouraient en foule pour y prendre part. La Feuillade ne vint à bout de les contenir qu'en allant lui-même jusqu'à mi-brèche sous le feu des grenades pour faire revenir les plus avancés (Dupont). Il demanda au major des Gardes auquel des lieutenants était le tour de marcher ; il lui fut répondu que c'était au sieur de Boisselau. « C'est « mon homme, dit le maréchal qui le connaissait, « qu'on me le fasse venir (R. 529). » Après lui avoir donné ses instructions il l'envoya avec trente grenadiers aux Gardes pour explorer la brèche et reconnaître l'état des choses à la gorge du bastion. Le lieutenant était accompagné du neveu de Vauban, et de l'ingénieur Goulon. Tous devaient, se complétant les uns les autres, faire un rapport fidèle de ce qu'ils auraient vu. De Boisselau, Salis son sous-lieutenant, et Des Crochets, capitaine dans Dauphin marchaient en tête ; ils avançaient avec peine dans les décombres où ils enfonçaient jusqu'à mi-jambe, reculant à chaque instant par le fait des pierres qui se dérobaient sous leurs pieds, pendant qu'une grêle de projectiles s'abattaient autour d'eux et sur eux. Ils montèrent cependant malgré ces difficultés et aperçurent à dix pas en avant, un petit retranchement derrière lequel s'abritaient cinquante grenadiers des Espagnols. Ceux-ci redoublèrent, à l'approche des assaillants, un feu violent qui ne put empêcher les derniers de compléter leur reconnaissance. Le neveu de Vauban y fut frappé à mort avec plusieurs des soldats français; Des Crochets blessé et De Boisselau contusionné à l'épaule par le choc d'une grenade qui le toucha en décrivant sa parabole puis alla éclater plus loin. Ces braves rentraient dans les lignes une demi-heure après, rapportant leurs morts et ramenant leurs blessés. La Feuillade les attendait au pied de la brèche où il était demeuré jusqu'à leur retour. Il alla aussitôt rendre compte au roi du résultat et du succès de cette périlleuse expédition en faisant l'éloge de ceux qui l'avaient accomplie (R. 529 etc.). Louis XIV ne voulut point tarder à les féliciter personnellement de leur courage. Si nous n'avons pu savoir quelles récompenses accorda Sa Majesté à plusieurs d'entre eux, à cette occasion, nous pouvons du moins certifier qu'un jeune ingénieur, Bourdon, gentilhomme cambrésien qui les avait aidés et que les hasards de la guerre avaient mis au service de France, ne fut pas oublié. En témoignage de sa belle conduite, il reçut sous forme de décoration une petite pièce de canon en or, sorte de distinction « parlante, » à laquelle le roi joignit plus tard une médaille à son effigie, également en or (1).

Il ne se passa rien dans la nuit du 16 au 17, sauf la mise en batterie auprès de la brèche, de mortiers « avec lesquels on devait faire un feu « continuel de pierres (L. 305) (2) ». Le matin de ce dernier jour « on fit un logement dans la « demi-lune revêtue, L, tout du long de la face « droite (du bastion Nord), afin d'y faire passer « des gens pour faire feu sur cette même brèche. » D'autres batteries à pierres étaient aussi établies pour battre le bastion de droite auquel « douze « pièces de canon, six sur chaque face » avaient dès le soir du 15 commencé de même à faire une ouverture qui atteignit le 16, sur les deux heures après-midi, où l'angle fut abattu, une largeur de dix toises sur l'une et l'autre de ces faces (L. 305), mais l'on « trouva une muraille « derrière (R. 530). » On se préparait à une dernière et décisive attaque. C'est alors que le gouverneur sachant deux bastions presque entièrement ruinés, ses meilleures demi-lunes prises, le fossé comblé, les troupes ennemies prêtes à un assaut général et blessé lui-même à la jambe (on l'a dit plus haut) d'un éclat de grenade qui

---

(1) Ces deux reliques, conservées précieusement de génération en génération dans la famille de l'ingénieur, sont encore aujourd'hui dans les mains d'un cambresien, parent par sa mère de Bourdon, M. E. Bouly de Lesdain, connu par ses travaux d'histoire locale.

(2) Ces mortiers à pierres étaient une invention de Vauban, qui datait de 1672. — (Note de la page 305 de l'*Histoire de Louvois.)*

le mettant hors d'état de marcher le contraignait à donner ses ordres « dans une cazemate à la clarté d'une bougie, » c'est alors, que Zavala jugea qu'il devait plutôt conserver à son parti le reste de la garnison que prolonger une défense devenue inutile. Il fit battre la chamade (R. 531).

Quand on en transmit la nouvelle à Louis XIV, il entendait la messe. « Ce prince sans témoigner « aucune émotion ne fit que la communiquer au « Père la Chaise et continua ses prières sans en « vouloir savoir davantage (R. id.). » On échangea de nouveau des otages; la négociation dura deux heures. Les Espagnols envoyèrent le comte de Tilly, les colonels Covaruvias et de Buis, au roi dont ils implorèrent la clémence, en lui disant qu'ils espéraient que pour avoir fait leur devoir Sa Majesté ne leur refuserait pas la même composition qu'elle leur avait déjà faite, ce qui leur fut accordé (id.). Ce n'avait pas été cependant sans opposition. Déjà, le 16 lors de la sommation faite sans succès, au gouverneur, plusieurs membres du conseil du roi, le baron de Quincy surtout, penchaient pour la réduction de la forteresse par un assaut, afin d'en faire ainsi prisonnière toute la garnison — treize régiments — et d'affaiblir d'autant l'armée des Espagnols. Mais Vauban, avec sa modération ordinaire, avait fait remarquer à Louis XIV que chaque jour de siége lui coûtait en moyenne pour le service de la tranchée, « même sans aucune action, » cinquante soldats et qu'il valait mieux profiter de l'occasion qui se présentait d'en finir plus tôt. Son avis prévalut (L. 303).

Le roi envoya alors le marquis de Louvois prendre possession de la citadelle (C. 141). Pas plus que la ville elle n'avait pu échapper à la sûreté d'attaque, à la puissance stratégique de ce système « des « parallèles et des places d'armes » imaginé par Vauban, appliqué pour la première fois par l'inventeur, trois ans auparavant, au siége de Maëstricht et qui lui avait toujours réussi depuis.

Le chapitre ayant appris que la citadelle s'était rendue, s'assembla le 17, pour choisir plusieurs de ses membres afin d'aller « *féliciter le Roi Très-* « *Chrétien de la prise de la cité,* lui demander « de vouloir y faire son entrée et le prier de visiter « la métropole. » On désigna pour cette démarche le prévôt Jacques de Francqueville, l'archidiacre majeur (ou archidiacre du Cambresis) Antoine Vander Burch, le doyen Philippe Broide (1) et les chanoines Paulus, l'un des chapelains, et Gabriel de la Torre y Ayalas, lequel était alors député du chapitre aux Etats de la province (2). La démarche eut lieu.

Le jour de Pâques 18 avril, en raison de ce qui avait été concédé la veille par le roi, aux envoyés du gouverneur, l'infanterie espagnole sortit « par la

---

(1) Philippe Jacques de Broide était en même temps archidiacre de Hainaut.

(2) Il conserva ces fonctions de 1671 à 1678.

« brèche, tambour battant, mèche allumée par les
« deux bouts, enseignes déployées (R. 531. » Les
régiments irlandais de Molembeck et de Tilly, étant
ceux qui avaient fait les actions les plus vigoureuses,
avaient été les plus maltraités (C. 142). Tous ces
fantassins avaient pour armes des rondaches, de
grosses piques, de grands mousquets. « Les
« Hollandais ne laissaient pas d'être bons ; les
« Wallons étaient un peu jeunes et presque nus. »
Des deux « vieux terces (régiments) espagnols des
« vieux corps », celui de Covaruvias et celui de
« Canarie, » le dernier avait « beaucoup de nègres »
« (R. 533).

Par la porte de secours, V, ouverte dans la
courtine du levant, à l'opposite de la porte d'entrée,
sortit la cavalerie, « environ 600 dragons et croates »,
deux pièces de canon, deux mortiers et « cinquante
« chariots » pour les blessés qui pouvaient souffrir
le transport. Cela formait, non compris ces blessés
et ces malades un effectif de « 2,400 hommes (R. id.) »
« assez mal faits et en assez mauvais état (Dupont). »
Ils étaient accompagnés de « presque autant de
« femmes (R. id.). » Toute cette troupe fut traitée
avec beaucoup d'égards. Ceux à qui leur état de
souffrance ou de maladie ne permettait pas de suivre
leurs malheureux frères d'armes, furent transportés
à l'hôpital militaire de Saint-Jean, 6, rue de ce nom,
(aujourd'hui Bibliothèque communale et Ecole des
Frères), desservi par les sœurs blanches Augustines.
Ils y furent soignés aux frais de la ville. Le nombre

en était si grand, qu'on dut suppléer par de nouveaux achats à l'insuffisance du linge pour les coucher (1). Un d'eux, « officier espagnol qui parut très-galant « homme à quelques Français qui s'entretinrent « avec luy, les asseura que dans la seule citadelle « il y avoit eu plus de douze cens hommes tuez « ou blessez (R. 534). »

Le départ fut pour les Espagnols douloureux et pénible ; sur leur passage les troupes françaises étaient rangées en bataille. Le roi s'y trouvait au milieu de ses officiers supérieurs. Zavala à cause de sa blessure et de son état maladif, résultat de ses grandes fatigues et de ses constantes préoccupations, suivait sa cavalerie dans son carrosse (R. 532 et Q. 340), (Dupont dit en litière). Dès que Louis XIV l'aperçut, il alla au vaillant gouverneur et le loua sur sa belle défense. Zavala lui répondit « que connaissant le prince à qui il avait « à faire, il valoit mieux céder de bonne grâce que « de prodiguer inutilement le sang de ses soldats « par une longue résistance. Puis, il salua et passa. »

Le roi adressa également des paroles de consolation aux principaux officiers espagnols ; il voulut aussi voir, dit Dupont, le vieux colonel des Croates, bien connu dans la ville et que le peuple nommait familièrement « *grand père des Croates.* » Il s'était signalé pendant le siége à la tête de son

(1) « A Pierre Dancl pour le nombre de quarante-deux pair.s de « lincheux (draps de lit) à l'hospital de St-Jean, par ordre de mesdits sieurs « le xxiij d'avril 1677 et payé iiij* lt. » (Comptes de 1677-1678, f. 75.

régiment. Louis XIV lui ayant offert un emploi considérable dans son armée, le vieillard lui répondit respectueusement « qu'il ne connaissoit qu'un « Dieu et qu'un roi, et fit sa révérence. »

Le siége finit avec le carême « le même jour que « Sa Majesté achevoit dans son camp les stations « du grand jubilé. L'Archevêque de Paris et le « Père la Chaise, Confesseur du Roy, sur la question « qui s'étoit formée, si Sa Majesté pouvoit gagner « le Jubilé dans un autre lieu que celuy qui étoit « marqué par la Bulle, décidèrent qu'il n'y avoit « point de lieu limité pour la personne de Sa Majesté « puisqu'il n'y en avoit pas même pour les simples « voyageurs (C. 142). »

Le jour de la capitulation de la citadelle, Louis XIV nommait un de ses meilleurs officiers, Jean-Jacques-Barthélemy de Gelas, chevalier seigneur de Cesen, capitaine major des Gardes Françaises, maréchal de camp et alors gouverneur de Condé (1), au gouvernement de la ville et citadelle de Cambrai, avec appointements de 3,000 florins, plus, pour logement, ameublement et gratification, 3,000 autres florins dont 1,800 à la charge du Magistrat, comme les appointements, et 1,200 « à la charge de l'Estat (2). »

---

(1) Le gouvernement de Condé fut alors donné à La Levretière (C. 143).

(2) Voir les comptes de la ville au chapitre « Sallaires et pensions. » pour les appointements des divers officiers de l'etat-major de la place.

« A Monseigneur de Cesen gouverneur de cese ville pour demie année « de son logement ameublement et gratification escheue au dernier de « décembre 1677, payé neuf cents florins faisants partie de quinze cents, « les aultres six cents estans à la charge de l'Estat... payé 1ᵐ viij ͨ lt. » (Compte de 1677-1678, f. 77).

Sa Majesté, dit la lettre de nomination, « en attendant
« qu'elle luy ait faict espédier sa commission en
« forme, commande aux habitants de la ditte ville
« et aux gens de guerre qui y sont et seront cy après
« en garnison.... de recognoistre ledit sieur de Cesen
« en laditte qualité de gouverneur et de luy obéir et
« entendre en tout ce qu'il leur commanderat et
« ordonnerat pour le service de Sa Majesté (1). »

En même temps, Louis XIV nommait : M. de Dreux lieutenant de roi ou gouverneur de la ville, avec un traitement annuel de 1,000 florins.

M. Parizot l'un des ingénieurs du siége, sergent major de la ville pour commander en l'absence du gouverneur et du lieutenant, avec également 1,000 florins de gages ;

M. d'Alinville, lieutenant d'artillerie, à raison de 300 florins par an ;

M. de Nicliade de Saint-Maximin, mousquetaire de la première compagnie de la garde ordinaire de Sa Majesté, aide sergent major, (ou aide major) avec 150 florins ;

De Sorbes, sergent major aux Gardes Françaises, capitaine des portes, aussi avec 150 florins ;

Le tout également à la charge de la ville (2).

---

(1) Lettre de nomination. Archives communales (Voir la commission à l'appendice.)

(2) Les lettres de nomination de ces divers officiers existent également en expédition, aux archives.

Le marquis de Choisy, l'un des premiers ingénieurs du siége, était fait commandant de la citadelle, et Dufresne, alors major à Bouchain, lui était donné pour lieutenant (C. 143 et Dupont) (1).

Le 17 encore, on ordonnait aux régiments de cavalerie de Lokman et de Magnac d'entrer en ville « pour y demeurer jusqu'à nouvel ordre. » Il était enjoint « aux magistrat et habitants » de les loger et de leur fournir les vivres nécessaires « en payant « de gré à gré, » ce qui se faisait également pour l'infanterie (2).

« Le Roy, — dit Quincy (540) à propos de la « prise de Valenciennes et de celle de Cambrai, — « avait prévenu pour faire cette conquête plus de « deux mois le tems ordinaire de se mettre en « campagne. »

---

(1) Charles de la Rivière, seigneur du Fresne, devint plus tard capitaine de la compagnie des *Cadets gentilshommes*, mise, en 1682, en garnison dans la citadelle dont il fut nommé gouverneur en 1697, après la mort d'Anthoine De la Caille. Il mourut lui-même en 1720 (Voir son epitaphe et une note sur les cadets à l'appendice).

(2) Archives communales. — Série EE, IV : Logements.

IV

Le 19 avril, lundi de Pâques, le roi fit son entrée solennelle dans sa nouvelle ville, par la porte de Berlaymont, qui menait à Awoingt.

Messieurs du Magistrat allèrent recevoir Sa Majesté à l'entrée de la ville; Ils étaient en costume de gala, coiffés de la toque, vêtus de la robe rouge avec « parures » c'est-à-dire revers de velours noir, et portaient le rabat. En tête marchait M. le prévôt de la ville précédé des deux huissiers de la chambre, Jacques Poirreau et Jean Claude Goffart. Il était suivi des échevins désignés plus haut, des deux collecteurs, des deux conseillers pensionnaires, du receveur, Nicolas Desmaretz, des deux greffiers de la ville, Michel Lobry et Nicolas Delbarre, et du greffier du domaine, Nicolas Renard. Après eux venait le médecin de la ville, Philippe-Antoine Harou. Tous, sauf les deux huissiers, portaient « les grands draps » (la robe); ils étaient au nombre de vingt-quatre. Ce groupe était escorté des quatre sergents de la prévôté marchant en haie, deux en avant deux en arrière du Magistrat. Ils étaient armés chacun d'une hallebarde ornée, sous le fer, d'une « grosse houppe de soie verde, » et vêtus de brun avec un manteau court où se voyaient brodées en relief, sur le côté gauche, les armes de la ville, avec leurs émaux (1).

Derrière suivaient les porteurs « des petits draps » vêtus, aussi aux frais de la commune, de vêtements ajustés, de teinte sévère, « sans parures. » C'étaient, le procureur d'office de la ville, le chirurgien (en place de l'artilleur dont l'emploi était alors vacant), le concierge de l'hôtel de ville, portant sa longue verge de baleine noire annelée d'argent, à l'écu de Cambrai doré et émaillé (2), le messager, le carillonneur, le « sonneur de la retraite » (couvre-feu), et les maîtres ouvriers au nombre de dix : le plombier, le « cauchieur ou crocqueteur de grès » (paveur), le maçon, l'horloger, le ferronnier, le charpentier, le peintre, le couvreur, le cordier et le tailleur de pierres (3). Puis, à distance, apparaissait le maître des

---

(1) Voir comptes de la ville et principalement années 1675-1676, f. 70, et 1680-1681, f. 50 v.

(2) Cet insigne était de très-ancienne date; on lit dans le compte de 1437-1438, folio 95, verso :

« A Jehan de Vriezen, artilleur de la ville pour avoir refait et recolé le
« verghe que le conchierge porte en se main et laquelle est de baleine de
« plusieurs pièces, lavoir rejoint; pour ce, en tasque xv s.

« A Willē Le May orfevre pour avoir livré x estuis servant à remettre
« à point led. verghe redreché toute lœuvre q. est dessus et remaillé et doré
« les armes pour ce, xlij s »

(3) Voir pour tous ces détails les comptes du domaine et « *Charges et Revenus de la ville il y a un siècle,* » cité plus haut.

hautes œuvres, Antoine Fleury, de Douai, en charge depuis le 5 septembre 1675 (1).

Le cortége était fermé par les trois principaux « serments » dits « grands serments, » marchant dans leur ordre de préséance, drapeaux au vent : les grands arbalétriers déjà connus en 1364 et réorganisés en 1634 ; les grands archers de Saint-Sébastien datant de 1390, et les canonniers, « mis sus en 1418 » et précédés de deux sapeurs, de deux tambours et de hautbois, et accompagnés de leur aumônier (2). Ils portaient peintes sur leur étendard, d'un côté Sainte-Barbe leur patronne et de l'autre les armes de l'évêque Robert de Croy, qui les avait réorganisés en 1543 et avait été « leur roi. »

Les troupes françaises formaient la haie le long des rues par lesquelles devait passer « la procession royale, » pour se rendre à l'église métropolitaine de Notre-Dame. Aux carrefours, à la porte de Berlaymont, à l'hôtel de ville, étaient placés cinq grands écussons aux armes du roi, peints sur toile et ornés de rubans et de nœuds d'amour aux couleurs de Sa Majesté (3). Un dais, sous lequel Louis XIV devait marcher avait été construit exprès. Le chassis en était complétement doré ; la tenture de « satin blanc, à canons d'or » était ornée de passements et

---

(1) Il recevait 16 florins de gages mensuels. (*Registre des Offices* de 1619 à 1696, f. 368.)
(2) Archives communales — Série EE II. Serments.
(3) Comptes de 1677-1678, folios 51, 58 et 67 verso.

de « frances » (franges) aussi d'or. Un artiste cambresien, Richard Willeux, avait brodé en relief sur le lambrequin de devant l'écusson royal. Le tout — ceci n'est pas dépourvu d'intérêt — avait coûté 1,226 livres 7 sous tournois (1).

« Louis parut enfin. » M. le prévôt s'inclina profondément et le complimenta, en l'assurant du dévouement inaltérable de la cité à Sa Majesté. Le roi répondit gracieusement au magistrat. — « Il y a toujours des esprits ingénieux qui sachant peu l'histoire prennent le parti de l'inventer (2) ; » — ne voulant point nous exposer à un semblable reproche, nous avouerons tout naïvement que nous n'avons pas retrouvé le texte des paroles officielles qui purent alors être échangées, si toutefois un chroniqueur soigneux prit en cette occasion, le soin de les recueillir.

Messieurs du Magistrat avaient pris le dais, sous lequel le souverain s'était placé. Derrière s'avançaient les maréchaux de Schomberg, de la Feuillade et de Lorge ; les lieutenants généraux de Lude, d'Auvergne et de Villeroy ; puis les aides de

---

(1) En voici le détail (comptes de 1677-1678) :

A Pierre Bouvigner mercier, pour le satin blanc et les canons d'or, 999 l. 19 s. — A Richard Willeux pour la broderie des armoiries royales, 40 l. — A Hiérosme Cormon, pour avoir fait les passemens et trances, 94 l. 10 s. (f. 51 v.). — A la veuve Nicolas Taisne pour deux douzaines et demie de « plattes de cuivre », 6 l. (f 52). — A Simon Thiery menuisier, pour le chassis, 31 l. (f. 58 v.). — A Hugues Anthoine pour la peinture et la dorure du dit chassis, 22 l. — A Philippe Pingret tailleur, pour la façon du dais et un étuis pour le renfermer, 32 l. 18 s (f. 68).

(2) Paul Mantz.

camp, puis la maison du roi suivie des valets de pied de Sa Majesté. Des détachements de cavalerie et d'infanterie précédaient et suivaient, au bruit des tambours, des timballes et des trompettes réglant la marche et jouant des fanfares, tandis que toutes les cloches de l'antique métropole et celles des paroisses, des abbayes et des communautés sonnaient à toute volée.

Monseigneur de Brias, archevêque duc de Cambrai, était alors en tournée pastorale dans son diocèse et par conséquent absent de la cité archiépiscopale. A son arrivée dans l'église où se trouvait réuni le clergé de toutes les paroisses, Louis XIV fut reçu sous le parvis par Messieurs du chapitre, le prévôt et le doyen en tête. Tous portaient des chapes couvertes d'or et magnifiquement brodées. Après un compliment au roi, celui-ci fut conduit au chœur où un prie-dieu et un siége élevé lui avaient été préparés. D'autres siéges s'y trouvaient également disposés pour les personnes de sa suite. Messieurs du Magistrat prirent place derrière sur des banquettes. La messe fut dite et l'on chanta ensuite le *Te Deum* suivi des « prières pour le roi. « Et Pélisson remarque » dit encore Dupont, qu'on ne manqua pas de le nommer « par son nom : *Regem nostrum Ludovicum.* »

Après la cérémonie religieuse, le roi visita l'église et le chapitre qui ne siégea pas ce jour-là (1).

(1) *Actes capitulaires.*

Le roi, accompagné de ses ingénieurs se rendit ensuite à la citadelle (C. 143 et Q. 340), qu'il inspecta dans toutes ses parties. Il donna immédiatement des ordres précis pour réparer les brèches, relever les murailles et remettre la forteresse et la ville en état de défense. Il chargea Vauban de lui présenter à ce sujet des plans qui furent mis à exécution deux ans après en 1679, nous en parlerons plus loin (1).

Le lendemain 20, au matin, Louis XIV partait de Cambrai et passant par Bouchain allait, le soir, coucher à Douai (C. 144).

« La cérémonie faite, » était venu « le quart d'heure de Rabelais. » Aux dépenses prévues, déjà considérables, conséquences de l'acte qui venait de s'accomplir, s'ajoutait à présent ce terrible imprévu qui semble trop souvent d'accessoire vouloir devenir principal. S'ouvrait entre autres le chapitre des gratifications, véritable impôt déguisé sous le nom « d'usage. » Déjà, alors que le canon tonnait contre la citadelle, le roi qui menait de front la guerre et l'administration, avait envoyé dans la ville le commissaire Drouart, chargé d'initier les Cambresiens aux traditions du nouveau régime politique qui les gouvernerait désormais. Le Magistrat afin de se rendre favorable l'agent royal et d'obtenir dans le réglement des détails multiples dont les articles de la

---

(1) Voir : *Agrandissement de l'Esplanade de la Citadelle, en 1679*, (*Mémoires de la Société d'Emulation*, tome xxxiii*, 1** partie, pages 183 et suivantes.)

capitulation n'indiquaient que l'ensemble, des conditions plus douces, le Magistrat avait offert le 14, au commissaire pour ses chevaux, « une charée de foin et quatre rasières d'avoine, » choses alors très-rares dans la ville, Zavala ayant tout emporté, et que Messieurs avaient acquis à grands frais (1). A ce don ne s'était point bornée leur générosité diplomatique : joignant l'agréable à l'utile, ils avaient également « présenté à Monsieur le commissaire « affin d'être favorable au publicq » une tapisserie de cuir doré, achetée à demoiselle Marie Clauwez 312 livres tournois (2). Or, « l'utile et l'agréable » formaient un total de 410 livres et 4 sous tournois.

Le 19, les « tambours du roi » en souvenir de « l'entrée » recevaient à titre gracieux, par ordre de Messieurs du Magistrat 24 livres. Aux « trompettes du roi » on payait par la même ordonnance 120 livres ; puis les « valets de pied du roi » recevaient à leur tour 48 livres. Ceux-ci attendaient que la somme leur eût été comptée pour réclamer le dais sous lequel s'était abritée moins d'une heure l'autorité royale et qui, prétendaient-ils, était devenu leur propriété en vertu du droit d'usage. Le corps échevinal après avoir d'abord un instant résisté finit enfin par

---

(1) « Pour le pris d'une charée de foint qu'at esté donné et faict présent
« à M. le commissaire Drouart payé par ordonnance du xiiij dudit mois
« (de mai) payé xlj lt. xij s. — « A Simon Lefebvre, mayeur d'Escaudœuvres
« pour deux faix de foin et quatre rasières d'avoines qu'ont este donnez
« come dessus et par ordonnance du xvij dudit mois, lvj lt. xij s. (Comptes
« de 1677-1678, f. 35 v.) »

(2) Même compte, f. 38.

transiger en rachetant ce droit 96 livres qui furent versées entre les mains des réclamants (1).

Le lendemain du départ du roi, le 21 avril, le nouveau gouverneur, M. de Cesen, arrivant de Condé, venait prendre possession de son nouveau gouvernement. Messieurs lui présentaient, toujours selon l'usage, « le nombre de trente cannes (2) de « vin faisant quarante-cinq lots prins de la cave de « ceste ville, au prix de vingt-quattre pattars (3) le « lot, déduction faicte de quatre pattars d'imposts « et cinq deniers d'assize au lot. » Ce qui faisait 89 livres 4 sous et 3 deniers tournois.

Puis venait le même jour Monseigneur l'intendant Le Peltier, arrivant de Lille et à qui l'on offrait pareillement « trente-neuf cannes » du même vin, soit : 77 livres 2 sous 7 deniers tournois (4).

Les occasions de dépenses vont pendant plusieurs mois se multiplier d'une façon ruineuse pour une ville depuis longtemps épuisée par tant de charges

---

(1) Comptes de 1677-1678, f. 35 r. et v.

(2) Ou quennes, sorte de vases en métal hauts de forme, à panse saillante et surmontés d'un col cylindrique. Ceux dont la ville se servait pour « présenter » les vins d'honneur étaient ornés des armes communales :

« A Jehan Le May, orphèvre pour son sallaire d'avoir fait au comand « des iiij hommes (chargés de l'administration des propriétés de la cité etc.), « nœfves ensaignes armoyés des armes de le ville pour mettre aussus au « couvercles des pos de présent, fait de nœf, pour ledic ville et pour avoir « reclarchy et rebruny les ensaignes des autres viez ... liiij l. » (Compte de 1435-1436, f. 118).

(3) Le patar valait 5 liards ou 15 deniers *tournois*, ou 4 liards ou 12 deniers *parisis*. Il fallait 20 patars pour un florin valant 25 sous.

(4) Même compte, f. 35.

diverses et que de nouvelles contributions ne tarderont pas à frapper. Les Cambresiens s'apercevront tôt que le nom seul de leur dominateur a changé et non leur situation.

En quittant Cambrai, le roi, on l'a dit, avait couché à Douai. Le 21 au matin il allait à Lens, le soir à Béthune. C'est alors qu'il rencontra M. de Brias, regagnant sa ville métropolitaine. L'archevêque fit à son nouveau maître « son compliment
« d'une manière respectueuse et nullement embar-
« rassée; il en avoit obtenu avant la permission,
« protestant qu'il ne se mêleroit que du spirituel
« et qu'il seroit fidèle au prince à qui le ciel l'avoit
« soumis. Le lendemain 22 (et non le 21 comme le
« dit par erreur Dupont à qui nous empruntons cette
« citation) il « prêta serment de fidélité à la
« messe. Le chevalier de Nantouillet étant arrivé un
« moment après avec la nouvelle de la capitulation
« de Saint-Omer, le roi dit au prélat : « *Vous voyez*
« *que vous étiez destiné à être français*, (M. de Brias
« avoit été évêque de Saint-Omer avant de postuler
« le siége de Cambrai), se levant ensuite, pour sortir
« de la messe, il s'approcha encore de lui et lui dit :
« *Après ce que vous venez de me promettre, je ne*
« *fais pas difficulté de vous promettre aussi qu'en*
« *toutes rencontres je vous donneroi des marques*
« *de mon estime et de mon affection*. Ce même matin,
« l'archevêque pria le cardinal de Bouillon de dire à
« Sa Majesté qu'il ne désavouoit pas qu'il n'eût
« obligation aux Espagnols et qu'il n'eût eu la

« reconnaissance qu'il devoit : mais qu'il le supplioit
« de croire que sa parole, son serment et son devoir
« d'évêque iroient avant tout le reste et qu'il ne
« l'obligeroient jamais à se repentir des grâces
« qu'elle lui faisoit. En effet, pour faire voir qu'il
« ne vouloit manquer en rien, il fit demander si
« Sa Majesté trouveroit bon qu'il continuât la visite
« qu'il avoit commencée de son diocèse vers Mons et
« dans le pays ennemi (1), qu'il vît ses parents et
« entretint commerce avec eux. » La promesse faite
par le prélat à Louis XIV ne fut point vaine :
charitable dans toutes les acceptions du mot, M. de
Brias était un cœur loyal et, dit Saint-Simon, avec
ce tour d'esprit qui lui est particulier, « qui fit très-
« bien pour l'Espagne pendant le siége et aussi bien
« pour la France aussitôt après (2). »

« La victoire menoit les Français comme par la
« main, dans tous les pays des Espagnols (3). » La
prise de Saint-Omer fut célébrée à Cambrai par
des réjouissances publiques : *Te Deum*, feux de joie
et illuminations « par ordre ; » le Magistrat qui avait
reçu ses pouvoirs de l'Espagne dut manifester la
joie officielle que lui causait le succès de son
nouveau souverain, contre la dernière ville qui restait

---

(1) Voir la note 1 page 26, sur l'étendue du diocèse de Cambrai.

M. de Brias, fils du comte de ce nom et de la dame d'Inseselle, de la maison des comtes de Bouchouve, était né à Mariembourg. Nommé évêque de Saint-Omer en 1671, il avait été transféré au siège métropolitain de Cambrai en 1675.

(2) T. II, page 105.

(3) Racine. — *Précis historique*.

à son ancien prince dans l'Artois. Que d'amertume pour ceux d'entre nos échevins — s'il en fut, — qui ne pensaient point qu'en politique la reconnaissance est un crime et l'ingratitude une vertu. D'ailleurs, la noblesse elle-même avait oublié, dit encore Dupont, « que ses ancêtres avaient appartenu « à l'Espagne. La conservation des états dans les « provinces conquises (voir la capitulation) (1) en « fut l'unique cause. C'est le chef-d'œuvre de la « politique d'un grand roi. » Ce qui signifie en termes vulgaires que, à part le droit du plus fort, raison mainte fois péremptoire, dans l'histoire des peuples comme dans celle des particuliers, l'égoïsme et l'intérêt restent les seuls mobiles des actions humaines.

Poursuivons le dépouillement au jour le jour du chapitre peu varié des dépenses de notre budget de 1677, en faisant du même coup de l'histoire quotidienne.

Le 8 mai, c'est Monsieur le duc d'Enghien qui nous fait l'honneur, onéreux, de « son entrée en ceste ville, 30 cannes de vin de quarante-cinq lots, » se chiffrant par 89 livres tournois, nous négligeons les sous et deniers (2).

Le 11, c'est Monsieur le marquis de Louvois : 45 lots, du meilleur en 30 cannes, 90 livres. Le

---

(1) Article 43.

(2) Comptes de 1677-1678, f. 36 v.

15, vient Monsieur le comte de Lorge, et l'on porte en dépense 53 livres pour 18 cannes (27 lots) en y ajoutant pour le port, 12 livres (1).

C'était alors une loi de la guerre que dans toute ville assiégée et prise ou rendue, les cloches et les métaux appartinssent au vainqueur. Celles-là étaient censé servir à accroître le nombre des canons par la fonte. Cambrai tombait d'autant mieux sous cette loi que la réponse à l'article 10 de la capitulation demandée, en faisait mention. Il fallut se soumettre, c'est à dire payer encore. « Pour le « rachapt du timbre et cloches de l'horloge de ceste « ville, de la cloche des guets du clocher Saint-« Martin (servant de beffroi) que le général de « l'artillerie vouloit déclarer acquises par la réduc-« tion de ceste ville en l'obéissance de Sa Majesté, « payé à Me Alexandre Wilmaux, secrétaire de « Messieurs du chapitre à ce comis, par ordonnance « de Messieurs du Magistrat, du xi dudit mois « (de mai), $i^m v^c xxv$ lt. » disent nos comptes (2).

De même que les bourgeois, le chapitre dut racheter aussi ses cloches pour la somme de 1,375 florins (3).

Cette contribution ne préjudicia en rien à une autre exigence de même espèce qu'on dut aussi résoudre de la même façon, toujours d'après l'article 10 : « La rédemption des métaux, vaisselles,

---

(1) Comptes de 1677-1678, f. 36, v.
(2) Id., folio 67.
(3) *Actes capitulaires.* Voir l'assemblée du 27 septembre 1677.

« bijoux, meubles, ustensiles en or, argent, cuivre, « étain, fer. » L'évaluation en avait été faite à dire d'experts agissant au nom des intéressés : le grand maître de l'artillerie de Lude, « demandeur » et le magistrat et le clergé « défendeurs ». Le chapitre après s'être réuni deux fois à ce sujet, le 9 et le 20 avril, avait désigné pour le représenter, le chanoine de la Ramonerie (1). La part de la ville fut fixée à « 6,550 livres 4 sols tournois (2), « pour trois quarts à l'encontre de Messieurs les ecclésiastiques pour l'autre quart, » ceux-ci étant moins nombreux. Ils n'eurent en tous cas à payer que la somme relativement minime de 55 florins 10 patars. Le Magistrat remit l'argent à M. de la Ramonerie chargé de solder le duc de Lude. Le député du chapitre fit l'avance de la part de contribution due par ce dernier, sur les fonds provenant de legs charitables de l'archevêque Ladislas Jonart, mort le 22 septembre 1674, et dont il était l'exécuteur testamentaire. Une décision capitulaire du 27 septembre 1677, rendit la somme avancée, à sa première destination (3).

---

(1) *Actes capitulaires*. Voir ces dates.

(2) « A Monsieur le chanoine de La Ramonerie pour autant qu'il a payé « et déliv.é à Mons' le duc de Lude grand maistre de l'artillerie, pour trois « quarts, allencontre de Mess'' les ecclésiasticques pour l'autre quart, pour « la rédemption des métaulx à la prise de ceste ville, payé par mesme « ordonnance du xij dudit mois (de septembre) v,,^m v^e l. lt. iiij s. (Compte « de 1677-1678, f. 73).

(3) *Actes capitulaires*, du 27 septembre 1677.

Ces faits sont en contradiction avec l'opinion de M Le Glay, affirmant dans ses *Recherches sur l'Eglise métropolitaine* (page 42), que cette église n'eut à racheter ni ses cloches ni ses métaux.

Une dernière formalité restait à accomplir pour que les Cambresiens fussent complétement français : la prestation du serment de fidélité au roi, par le Magistrat pour l'autorité et l'élément laïque de la population, et par le chapitre pour l'autorité et l'élément ecclésiastique. L'article 48 de la capitulation conservait, sur leur demande, Messieurs du Magistrat dans « leurs charges, offices, droicts, priviléges et émoluments ; » Louis XIV voulait s'assurer moralement du concours loyal de tous.

Les prédécesseurs de nos édiles pensèrent-ils alors comme cela s'est souvent fait depuis — que le serment politique n'est qu'une question de forme ; où, le dévouement aux intérêts de la cité leur inspira-t-il une douloureuse abnégation ? Mieux vaut s'arrêter à cette dernière hypothèse : aucun des échevins nommés par l'Espagne ne refusa de jurer fidélité et obéissance à celui que la fortune des armes venait de faire son souverain.

Le 23 mai s'étaient assemblés dans la salle ordinaire de réunion des Etats du Cambresis, à l'hôtel de ville, « Messieurs du Magistrat en corps, plusieurs « ecclésiastiques et officiers nobles et notables « bourgeois (1). » Sur un prie-Dieu couvert d'une courtine de drap aux couleurs de la ville (bleu bordé de jaune) était placé tout ouvert, le livre des évangiles. M. le gouverneur étant arrivé, conduit

---

(1) Id., f. 69.

par ses gardes, jusqu'à la porte de la maison commune, prit place sur le plus haut siége. Son secrétaire lut à haute et intelligible voix la formule du serment, ainsi conçue :

« Nous promettons de vivre et de mourir en la
« religion catholique, apostolique et romaine, de
« la garder et maintenir sans jamais aller au contraire
« en façon du monde, et ne traicter ni communiquer
« avec hérétiques ou fauteurs d'hérésie et d'être
« perpétuellement fidèles et obéissans vassaux et
« sujets du Roy notre souverain seigneur pour lui
« ses hoirs et successeurs et d'employer nos vies
« et biens envers et contre tous pour le maintien
« et conservation de son état et souveraineté du
« duché de Cambray de procurer de tous nos moyens
« son bien et profit et fuir son dommage, même ne
« jamais traiter ni adhérer en aucune manière, ni
« avoir communication ni amitié avec ses ennemis
« comme aussi de maintenir les droicts privilèges et
« prérogatives de l'église de Cambray et en outre
« d'exercer bien et duëment les offices qui nous ont
« été confiés pour le service de Sa Majesté notre
« souverain et ses successeurs, au bien et soulage-
« ment de ses vassaux et sujets (1). »

Puis, successivement chacun des échevins se mettant à genoux sur le prie-Dieu étendit la main

---

(1) Manuscrit 1057. — Bibliothèque communale. Cette formule était encore la même en 1777.

droite sur l'Evangile en prononçant distinctement ces mots : « Je jure. »

Ensuite, aux termes de l'article 16 de la capitulation, M. de Cesen s'agenouillant à son tour et la main aussi posée sur le livre saint, promit de maintenir le Magistrat « dans ses priviléges et immunitez. »

Alors, M. le gouverneur fut invité à passer dans une autre salle où on lui offrit un « disner » auquel prit part toute l'assemblée. Messieurs du Magistrat s'entendaient fort à ces sortes de choses, « la bonne chère » disent les mauvaises langues étrangères, étant un goût dominant des Cambresiens. On devrait ajouter pour être juste que c'était alors de coutume par toutes les Flandres — nous en avions les mœurs — et que cet usage n'est point de nos jours tombé en désuétude dans cette région, loin de là. Pour égayer la fête, « les quatre trompettes et timbal-« liers du régiment de mons^r Locqueman » avaient « joué des fanfares pendant le disner, » ce qui leur valut 38 livres pour leur salaire ; et, afin de se conformer davantage au goût de M. de Cesen, son propre cuisinier « avait assisté à accommoder les viandes. » Aussi, recevait-il, « par ordonnance » 24 livres, tandis que les « gardes de Monseigneur le « gouverneur pour leurs peines de l'avoir conduit en « ceste hostel de ville, » touchaient 24 livres 8 sols de gratification (1).

(1) Voir pour ces détails, le compte de 1677-1678, f. 36 et 69.

Le repas fut splendide, si l'on en juge par la dépense qu'il occasionna ; car, outre les divers chiffres qui viennent d'être énumérés, il figure encore au chapitre des « frais communs, » pour la somme relativement énorme alors de « 1,444 livres et 14 sols tournois (1). »

La chose ne se passa pas si bien avec le clergé ; le « disner » fut cette fois remplacé par une discussion.

Sa Majesté avait promis par sa réponse aux articles 3, 4, 5 et 6 de la capitulation, de traiter le clergé de Cambrai comme celui de Tournai. Le vendredi 21 mai, Messieurs du chapitre métropolitain se réunissaient pour examiner la formule du serment de fidélité qu'ils devaient prêter au « Roy Très-Chrétien, » et que M. de Cesen leur avait fait remettre. Mais, la teneur que ne donnent pas alors les *Actes capitulaires*, portait atteinte (relativement aux exemptions d'impôt sans doute ?) aux droits que prétendait le chapitre. Car le prévôt, l'archidiacre majeur et le doyen étaient députés au gouverneur pour lui communiquer les représentations de l'assemblée et le prévenir que les opposants « étaient résolus à faire exposer respectueusement à Sa Majesté » les motifs de révision qu'ils croyaient

---

(1 « Pour despense faicte le xxiij de may 1677 par Mess⁽ʳˢ⁾ du magrat en
« corps, en compagnie de Monseign⁽ʳ⁾ le gouverneur et plusieurs ecclésias-
« tiques et officiers, nobles et notables bourgeois, après avoir presté le
« serment de fidélité à Sa Majesté, payé par ordonnance sur le livre du
« concierge, signée M. Lobry d'un des grefliers', j⁽ᵐ⁾ iiij⁽ᶜ⁾ xliiij l. xiiij st.).

8

fondés. M. de Cesen n'accueillit point cette réclamation ; de là nouvelles réunions le 22 et le 23 et nouvelle résolution de s'opposer au danger « d'une ruine totale, » en acceptant les termes d'un serment portant atteinte « aux droits et priviléges de l'église « et au pouvoir que leur avait reconnu, à eux-« mêmes, le Roi Très-Chrétien. » Néanmoins sans que nous ayons pu trouver autrement que par ce qui suit, la solution de cette difficulté, que les « actes du chapitre » ne mentionnent pas plus au long, dans la séance du 24 le prévôt, l'archidiacre majeur, les archidiacres de Brabant et de Valenciennes (1) et le doyen, étaient de rechef délégués pour prêter cette fois au nom de Messieurs du « chapitre tant pour « eux que pour leurs suppôts, les manans et les « habitants de leurs terres, entre les mains de « M. de Cesen, le serment de fidélité au Roi. » On convoquait en même temps « les receveurs des « communautés, des chapelles et dépendances de « l'église de Cambrai, pour leur faire part de la « manière dont ce serment allait être prêté. »

Après la levée du chapitre les députés se rendirent dans leur sacristie où se trouvait le gouverneur, et l'acte s'accomplit dans les termes suivants :

« Nous jurons et promettons sur les sainctes évan-« giles, tant pour nous, que pour notre communaulté, « supposts et vassaux d'estres fidels au Roy de

---

(1) Philippe de Maldonade et Chrétien de Woocht.

« France Louis quattorze, que nous reconnaissons
« présentement pour notre Roy, et les aultres rois de
« France ses légitimes successeurs; et au cas que
« nous apprenions quelque chose contre son service,
« nous promettons d'en advertir M. de Cesen,
« gouverneur de Cambray, et en son absence celui
« qui commandera, sans pouvoir nous en exempter
« soubs quelque prétexte que ce soit. En foy de
« quoy nous avons signé le présent à Cambray
« le vingt-quatriesme de may mil six cent soixante
« et dix-sept.

« Estoit signé J. de Francqueville, A. Vander
« Burch (avec paraphe), C. de Voocht, arch.
« Vallencen. (avec paraphe), et P. J. Paroyde
« (avec paraphe).

« A l'instant, Monsieur de Cesen gouverneur de
« Cambray at promy et juré sur les saintes évan-
« giles, au nom de Sa Maiesté, de garder et
« maintenir Messieurs du chapitre de la métropole de
« Cambray dans tous leurs priviléges et immunitez,
« en conformité de la capitulation. En foy de quoy at
« signé le présent acte à Cambray les jour, mois et
« an susdits.

« Estoit signé Cesen. »

Tel est le récit que fait de la cérémonie le registre
aux actes capitulaires.

Le roi en quittant Cambrai voulut visiter ses
places conquises du côté de la mer. Le 22 avril il

se trouvait à Thérouanne, le 24 il arrivait à Calais où Monsieur vint le voir. Le 25, Louis XIV visitait Gravelines, le soir il était à Dunkerque d'où il allait le 27 à Bergues et revenait à Calais le 28. Il avait donné ses ordres sur toute la côte pour en augmenter la défense par l'érection de nouvelles fortifications autour des cités maritimes. Il passa quelques jours à Saint-Omer, fit, le 9 mai, son entrée à Valenciennes, s'arrêta dans le Hainaut et ne vint à Condé que le 14. Il « rappela toutes ses troupes de leurs quartiers de rafraîchissement, » et en fit, le 22 mai, la revue générale. « L'armée était forte d'environ quarante bataillons et quatre-vingt-dix escadrons. » Le camp s'étendait de Thuin (Q. 540 — C. 158), où était l'aile droite, à Bossu-lez-Walcourt sous Quiévrain, où se trouvait l'aile gauche. « Le même jour il envoyait un détachement
« de cette armée au maréchal de Créquy pour le
« mettre en état de s'opposer aux grandes forces
« que l'Empereur et l'Empire envoiaient sur le
« Rhin ; et, ayant laissé le commandement de
« l'armée de Flandre au maréchal de Luxembourg,
(Q. 540), » il passait le 27 au Quesnoy et le 28 était à Cambrai.

Le Magistrat alla, comme au 19 avril précédent, le recevoir à la porte Notre-Dame par laquelle le roi arrivait, et le complimenta. Sa Majesté marcha sous le même dais qui l'avait abritée une première fois. A cette occasion ses valets de pied renouvelèrent leurs précédentes prétentions, et les échevins pour demeurer possesseurs du meuble en litige durent se prêter à une seconde transaction qui se solda de nouveau, au profit des réclamants, par une somme de 86 livres tournois (1). Le soir il y eut feu de joie sur le grand marché et feux de joie devant la porte des membres du Magistrat, des autorités militaires, des dignitaires ecclésiastiques, et illumination de l'hôtel de ville, des maisons de la grand'place et des hôtels des principaux personnages de la cité et du clergé.

Avant le départ du roi, Messieurs lui demandèrent son portrait pour le placer dans la chambre de paix, où se rendait la justice, ajoutant que ce serait pour eux et leurs concitoyens un précieux souvenir du passage à Cambrai de Sa Majesté et comme une affirmation du retour définitif à la France, d'une cité dont le dévouement et la fidélité étaient désormais inviolablement acquis à son souverain. Le roi « daigna accueillir cette demande avec faveur » et promit de satisfaire avant peu au désir qui venait de lui être exprimé. Il tint parole et envoya aux Cambresiens, dans un cadre sculpté et doré, son portrait peint à l'huile (2). Ce portrait figura jusqu'en 1793 dans la salle où les échevins s'assemblaient

---

(1) Compte de 1677-1678, fol. 37.

(2) Il fut « ragréé et remis à neuf » en 1778, par Joseph Cardinal, peintre, qui reçut pour ce travail, le 16 novembre « septante-sept florins « seize patars (96 livres) prix convenu.» (Compte de 1777-1778, f. 16, et pièces « à l'appui chapitre 8e.

et qui fut en dernier lieu le consistoire, construit en 1767 (1) et démoli en 1872 (2).

Le 29 Louis XIV était à « Chaune » (Chaulnes), le 30 il rencontrait à Liancourt le prince de Marsillac grand maître de sa garde-robe, le 31 il était rejoint le matin au Bourget par Monsieur, à midi à Clichy par la reine, le dauphin, Madame, les princes et les princesses de la cour et arrivait enfin à Versailles (C. 157 — Quincy dit à Saint-Germain, 541).

« C'est ainsi que le Roy finit la campagne en
« trois mois dont il en employa deux à ses
« conquêtes et un à disposer les choses nécessaires
« pour les asseurer » (C. 161).

Le même auteur dit à la page précédente : « Ce
« généreux monarque jetant les yeux sur les peuples
« de Flandres, que ses dernières conquestes avaient
« soûmis aux rigueurs des contributions, voulut
« faire voir que sa Clémence était plus grande
« que leur misère, et écrivit une lettre au Mareschal
« de Humières, Gouverneur des Païs-Bas conquis,
« par laquelle Sa Majesté luy ordonna de n'en user
« pas à l'égard de ces *misérables peuples*, avec la
« dernière rigueur, quoyque la conjecture de la

---

(1) Voir le compte du domaine du 1er août 1766 au même jour de 1767, f. 24.

Cette peinture se trouvait placée à gauche, en entrant dans la salle, et en regard d'un autre tableau représentant le Christ adoré par Saint Jean et les deux Marie. — Archives communales.

(2) Pour la reconstruction totale de l'hôtel de ville.

« guerre semblât le demander ainsi, et de conserver
« la vie et les biens à tant de pauvres infortunez. »

Cette citation n'est-elle pas un aveu !.... Les malheureux Cambresiens avaient jusqu'à leur réunion à la France, payé les frais de la guerre aux Espagnols, ils les payaient désormais aux Français, il n'y avait pour eux de différence sous ce rapport que dans l'accroissement du chiffre.

Le 8 juin, le Magistrat était informé par M. de Louvois, de la nomination du sieur de Valicourt comme délégué de l'intendant de Flandre (1) pour le Cambresis.

Le 10, Madame la gouvernante venait rejoindre son mari à Cambrai. Messieurs du chapitre lui députaient le lendemain pour la féliciter, l'archidiacre majeur, les archidiacres de Brabant et de Valenciennes, le doyen et le chapelain Paulus (2).

Nos magistrats qui se piquaient de galanterie, — qualité que la domination espagnole n'aurait pu d'ailleurs qu'accroître — avaient de leur côté souhaité la bienvenue à Madame de Cesen, à son entrée le 10, en lui présentant le vin traditionnel, 48 lots en 32 cannes, soit pour plus de 75 livres (3). Puis, se rappelant avec à propos que leurs prédécesseurs au mois de décembre 1671, lors de l'arrivée

---

(1) Archives communales. Série AA, 11, 6ᵉ (correspondance).
(2) Actes capitulaires.
(3) 75 l. 16 s. Compte de 1677-1678, f. 36 v.

à Cambrai de Madame de Zavala, quelque temps après son mari, avaient donné à cette dame une superbe batiste (1), nos échevins offrirent, outre le vin, à Madame de Cesen, deux magnifiques pièces de ces fines « toilettes » renommées alors par toute l'Europe sous le nom de toiles de Cambrai (2) et dont la fabrication et le commerce (3), principales sources de richesse du Cambresis depuis plusieurs siècles, allaient bientôt par leur rapide décroissance, augmenter la misère, compagne trop assidue de la guerre, en attendant que la révocation de l'édit de

---

(1) « Présenté à Madame la gouvernante aussy à son entrée en ceste « dite ville, une Toillette de Cambray pour laquelle at esté payé à honorable « home Robert de Francqueville, par ordonnance de Mes^{rs} du Māgrat « du x décembre 1671, j^c xlv lt. v s. » (Compte de 1671-1672, f. 40).

La femme de Don Pedro Zavala mourut à Cambrai quelques mois après. Son épitaphe, en langue espagnole, se voyait dans l'église de la citadelle; elle est aujourd'hui en la possession de M. V. Delattre, qui en a publié le texte dans le *Bulletin de la Commission Historique du département du Nord*, tome ix page 345. La voici littéralement transcrite :

Aqui yaze la ill^{ma} Senora Dona Ana Serbis, muger del ill^{mo} Senor Don Pedro de Zavala, Sarg^{to} general de batalla del consexo de guerra de Su Mag^d, Su Governador y castellano de Cambray y capitan general del pays de Cambraisi, que murio a 13 de agosto 1672, dehedad de 68 anos. Perguen a Dios por su alma. — (Ici gît la très-illustre Dame Madame Anna Serbis, épouse du très-illustre Seigneur Don Pedro de Zavala, sergent général de bataille du conseil de guerre de Sa Majesté, son gouverneur et châtelain de Cambrai et capitaine général des pays du Cambresis, qui mourut le 13 août 1672 à l'âge de 68 ans Priez Dieu pour son âme).

Cette inscription est surmontée de deux écus : le premier porte un chasseur et un chien poursuivant un sanglier traversé d'un trait et passant près d'un arbre, avec un chef; le second en losange porte coupé à la quintefeuille et à 3 cerfs courants ; le tout sans indication d'émaux.

(2) « Pour deux toillettes achetées et présentées à la dite Dame gouver- « nante et pour autre présent faict à Monsr le commissaire, payé (par « ordonnance du 21 juin) iiij^c iiij^{xx} xv lt. (Compte de 1677-1678, f. 37).

(3) Ce commerce était très-actif avec l'Angleterre dès le milieu du XVe siècle.

Nantes, en 1685, vienne leur porter le dernier coup (1).

Dix-huit jours plus tard s'accomplissait un acte politique important, affirmant sous une nouvelle forme la domination française et qui devait désormais se renouveler tous les ans.

« En 1595 lors du retour à la domination « espagnole, les échevins nommés par Balagny, » ayant traité avec le comte de Fuentès, et oublié avec intention dans cette négociation les prérogatives de l'archevêque Louis de Berlaymont, le roi d'Espagne avait par le fait même des bourgeois acquis le droit de nommer le Magistrat de la cité. Louis XIV en réunissant Cambrai, « à la France, « en assura en même temps le haut gouvernement « à la couronne (2), » et se substitua en les augmentant à son profit, dans tous les droits et prérogatives de celui qu'il avait vaincu. C'est ainsi que « les eschevins de la ville, cité et duché de « Cambray ont de la part de Sa Majesté, le mercredy « xxviij*e* jour du mois de juillet, estez renouvellez « par Monsieur de Cesen mareschal des camps « et armées du Roy gouverneur des ville et citadelle « de Cambray, et Monsieur le Peletier, conseiller « du Roy en son conseil d'Estat et en la cour du « parlement de Paris, intendant de la justice, police

---

(1) Nous espérons publier un jour, une *Histoire de la Batiste dans le Cambresis*, d'après des documents complétement inédits.

(2) E. Bouly. *Dictionnaire historique* etc., page 313.

« et finances en Flandres, en conformité de ses « lettres patentes données à Versailles le 8e jour « de juillet 1677. »

Les échevins nommés en conséquence, au nombre de quatorze, furent MM. « Pierre de « Bourchault, Hierosme Lievou, licentié es droits, « Charles Driancourt, licentié es droits, Hierosme « Grenet, licentié es droits, Mathieu Mairesse, « Nicolas Ballicques, Guillaume Nys, Philippe « Du Puis, François Lamelin, licentié es droits, « Lancelot de Baralles, licentié es droits, Pierre « Watiez, Alphonse Frémin (1).

Le prévôt Louis-Albert de Layreiz (ou Layrez) fut confirmé dans ses fonctions (2).

Leur installation, eut lieu dans la grande salle d'audience de l'hôtel de ville ; ce fut encore une cause de dépense, et dans les gratifications s'élevant à 528 l., qui furent distribuées à cette occasion « le secrétaire et le premier huissier de Mgr l'intendant, » et « le secrétaire de Mgr le gouverneur » eurent la plus forte part (3).

---

(1) Manuscrit 1057. Bibliothèque communale.

« Le 13 novembre Jérome Lievou étant mort, Daniel François Lievou, licentié es droits, son fils, le remplaça. » id.)

(2) *Documents inédits pour servir à l'Histoire de Cambrai et du Cambresis :* Des Prévôts. *(Revue Cambresienne*, IIIe volume. Article signé *Charles Ensel*, anagramme de Charles Lesne (?)

(3) « Au secrétaire de Monseigr l'intendant et autres, au subjet du « renouvellement de la loix et magrat de ceste ville, at esté donné « et distribué (par ordonnance du 29 juillet) cinquante patacons faisans « ij •xl lt. (f. 37 r.)

« Au secrétaire de Monseignr le Gouverneur et autres ses subjects leur

Le nouveau Magistrat n'avait retenu aucun des membres de l'échevinage auquel il succédait. Il prit sans doute à cœur de ne pas se montrer moins galant que son prédécesseur. Les nouveaux échevins sachant les uns par expérience personnelle, les autres par tradition que « l'on prend l'homme par la femme, » afin de s'attirer les bonnes grâces du gouverneur firent leur cour à Madame de Cesen. Ils lui offrirent le 16 août, à l'hôtel de ville, une collation dont les comptes du domaine nous ont conservé le détail. Le vin fut fourni par un sieur de Roullières à qui l'on donna pour 29 lots des meilleurs crûs, 58 livres. Clément Masson, chef émérite, fournit les viandes et « fit la cuisine, » 16 livres ; on prit à Guillaume Couvreur apothicaire en renom, « les parties de confitures seiches et succades, » et la quantité en fut grande et la qualité des plus fines, car le prix porte 109 livres. Les fruits furent achetés 5 livres 4 sous à « Marie Monceau, verdurière, » on compta au concierge de l'hôtel de ville, Robert Boitteau, pour menues dépenses 19 livres 16 sous, et, pour que rien ne manque au régal, des musiciens jouèrent « la sérénade au temps de la dite collation. » Ils reçurent 14 livres, à peu près autant que le cuisinier. Total 223 livres 8 sols tournois (1).

« at esté donné en raison du renouvellement de la loix et payé (par ordon-
« nance du 2 août) ij^e xl lt. (f. 37, v.)
« Au premier huissier de Monseig^r l'intendant Peltier en recognoissance
« des vaccations qu'il a faict pour le publicq luy at esté donné et payé (par
« ordonnance du 17 septembre) xlviij lt (f 38). (Compte de 1677-1678).

(1) Voir compte 1677-1678, f. 71 r. et v. et 74 v.

Quelques jours avant, le 5 août, on avait payé aux capitaines des seize compagnies bourgeoises, dont le service avait été suspendu le 5 mars précédent, après la capitulation, la « dernière année » de leurs gages, échue ce jour (1). Avec le licenciement de cette milice citoyenne que le roi avait ordonné, s'effaçait encore un des plus anciens souvenirs de ces libertés communales pour la conquête ou la défense desquelles, cette force urbaine avait été organisée, avait lutté, avait versé son sang et qu'on retrouvait déjà sur pied deux siècles auparavant, en 1482 (2). « Suivant l'ordonnance de Messieurs du Magistrat, « sur la réquisition de M. le commissaire » du roi, on tirait « du grand grenier de l'hôtel de ville » au-dessus de la même salle où l'on allait offrir dix jours après, la collation à Madame de Cesen, « toutes les armes des compagnies bourgeoises « pour estre le mesme jour charriées à la « citadelle (3). » Louis XIV revint certainement plus tard, par la force des choses, sur cette mesure impopulaire qui avait, nous l'avons dit, fort indisposé les Cambresiens, et il réorganisa les compagnies bourgeoises ; car, dans le *Registre des offices* (folio 380 recto) on lit, à la date « du xij° décembre 1678 : « Jean-Baptiste Dupuis, bourgeois de ceste ville, « a esté establi esgardeur de la compagnie bour- « geoise qui fut Jean Jacque Roguet » et au verso

---

(1) Voir la note 2 de la page 32.
(2) Archives communales. Série EE, IJ, Garde bourgeoise.
(3) Archives communales. Id.

de la même page on voit que le xxvij⁰ janvier 1679, » un certain « Ricquet a esté étably esgardeur de « la compagnie de M. Martin Mairesse, en la « place d'Anthoine Tatinclaux et a presté serment « en pleine chambre. » Cela semblerait indiquer de plus que les anciens capitaines eussent été réintégrés dans leurs grade et commandement. On trouve d'ailleurs dans le même registre, d'autres mentions successives du même genre, mais il n'y a plus trace de gages dans les comptes. Ces fonctions furent dès lors sans doute purement honorifiques.

Le 23 août, après que le prince d'Orange eût été forcé une seconde fois de lever le siége de Charleroy (le 14), le marquis de Louvois, ministre de France, qui s'était rendu en Flandre pour rassembler l'armée de Luxembourg (Q. 574), passait une seconde fois à Cambrai et « les vins » lui étaient de nouveau présentés (1).

Les charges militaires, répétons-le, étaient des plus lourdes parmi celles qui accablaient les Cambresiens et elles incombaient tout entières aux bourgeois. Car, Messieurs du chapitre jaloux de garder intacts « les priviléges, immunitez, franchises, exemptions « et autres droits » que leur avaient « accordez les « SS. canons, les SS. pontifes (2) conciles et supé-

---

(1) « Présenté le xxiij d'aoust 1677, au marquis de Louvois, ministre de « France venu en ceste ville, le nombre de quarante-quatre cannes de vin « faisans soixante-six lots etc.. jᵉ iiij lt. iiij s. vi d. (compte f. 37, v.)

(2) La pluralité des bénéfices interdite par les conciles, n'était tolérée en France qu'en vertu des dispenses du pape. — Racine : *Fragments historiques*, note de l'éditeur.

« rieurs ecclésiastiques, les empeureurs, roys,
« princes et autres souverains, » (y compris
Louis XIV lui-même par les articles 4 et 9 de la
capitulation.) et dont le clergé avait joui en toute
plénitude sous la domination espagnole, Messieurs
du chapitre disons-nous, veillaient avec une vigilante
attention à ce que ces droits de toute sorte leur
fussent intégralement conservés. Pas de « logements
« effectifs ou virtuels dans leurs maisons ou autre-
« ment à leur charge, des gens de guerre et mili-
« taires, » avaient-ils demandé par l'article 9 de la
capitulation ; et cet article leur accordait le même
régime que sous « la domination du roy catholique, »
c'est-à-dire l'exemption. C'est aussi en ce sens que
le 20 septembre, le chapitre députait son prévôt pour
rappeler au roi les termes de cet article tout en faveur
des gens d'église. Ces exemptions d'impôt direct
ou indirect sans cesse revendiquées par eux et sans
cesse contestées par le pouvoir civil, surtout en
ce qui avait trait aux logements, seront mainte fois
encore dans l'avenir, comme elles l'avaient été dans
le passé la cause de conflits, d'interminables procès
entre le Magistrat et le clergé, entre l'élément
laïque et l'élément ecclésiastique sans cesse en anta-
gonisme, malgré l'esprit de foi religieuse du premier.
Il y avait toujours « un battu, » c'était le plus
souvent le Magistrat. Les volumineux dossiers
qui sont restés de ces débats judiciaires, en
sont le triste témoignage.

Le 25 octobre, le même corps députait le prévôt,

l'archidiacre majeur et le chapelain Paulus, pour saluer Monsieur le maréchal de Luxembourg qui venait de son quartier de l'armée de Flandre et traversait Cambrai. Messieurs du Magistrat le reçurent également avec les honneurs d'usage représentés par 36 lots de vin ou 49 l, 13 s. (1).

D'autres dépenses d'une nécessité moins contestable s'imposaient aux finances de la ville. Il avait fallu réparer les dommages causés par le canon aux bâtiments communaux ; les seuls dégâts faits aux toitures de l'hôtel de ville, à l'horloge et au carillon avaient absorbé près de 800 livres (2) et les réparations n'étaient pas complètes. Déjà dès le mois d'avril on avait fait venir « un horlogeur de Douay... « à effect de visiter le timbre de l'horloge cassé « pendant le siége (3). » Le mal était sans remède. On eut recours alors à un « sieur de Grandua, fondeur de cloches, » qui vint exprès « de Paris pour visiter et refondre le timbre. » Son voyage et son avis coûtèrent à Messieurs, le 20 novembre, 72 livres (4) ; mais on ne tomba point d'accord, car ce ne fut que quatorze ans après, en 1691, que cette refonte eut

---

(1) Compte de 1677-1678, f. 38.

(2) « A Jacques Picquart horlogeur » pour avoir réparé et refait diverses pièces de l'horloge et du carillon « brisées par des boulets de canon, » 115 l. 4 s. f. 49 v.) — « A Claude de Fontaine tailleur de pierres, » pour réparation à la flèche, 50 l. 4 s. (f. 50). — « Au couvreur et placqueur » 616 l. 18 s. (f. 60). — « Au couvreur d'escailles » 296 l. 17 s. 6 d. (f. 61) etc., etc. (Compte de 1677-1678).

(3) Id. f. 52.

(4) Id. f. 76.

lieu par les soins de Pierre Cambron, de Lille, ainsi que le montre la légende suivante qu'on lit sur la cloche où Martin et Martine frappent encore l'heure au campanile du nouvel hôtel de ville et où nous l'avons relevée :

« LUDOVICO MAGNO REGNANTE, COMITE DE
« MOMTBRON GUBERNANTE, RESTAURATUM EST HOC
« TITINNABULUM QUASSATUM IN OBSIDIONE ANNI 1677.
« REDDUNT DEO ET REGI GRATIAS SENATUS POPULUSQUE
« CAMERACENSIS, ANNO DNI 1691. CAMERACI PER
« TOSSANUM PETRUM CAMBRON INSULENSIS (1).

Celui de nos deux vieux sonneurs qu'un boulet de canon avait amputé, n'attendit point si longtemps une restauration; elle fut l'œuvre de « Jean-Baptiste Taisne, chaudronnier, » qui lui martela, l'année même de l'accident, une nouvelle jambe moyennant 64 livres (2).

Les frais de cette catégorie furent nombreux, les habitants les acceptaient comme une dure nécessité. Ce qui leur tint plus au cœur et leur causa une émotion autrement vive fut l'aide de 60,000 florins demandée le 15 novembre au nom du roi, à ses nouveaux sujets, par l'intermédiaire de M. de Cesen et de l'intendant Le Peletier, pour subvenir aux frais de la guerre.

Les Cambresiens lors de la capitulation avaient

---

(1) Il entra dans la nouvelle cloche pour 35 fl. « destaing nœuf. » (Compte de 1690-1691, à la date du 30 décembre, f 61).

(2) Compte de 1677-1878, f. 50.

« très-humblement » supplié Louis XIV, par l'article 41, « qu'en considération des grandes charges « supportées, frais, misères et ruynes des biens en « ville et aux champs, » leur pays fut excepté et affranchi « d'accord, d'aydes, subsides et autres « tailles et gabelles pour le terme de dix ans. » S'ils eurent un instant l'espoir d'obtenir cette faveur il ne fut point de longue durée : le roi avait fait répondre sur ce point : « Sa Majesté ne peut accorder cet article. » Les États généraux de la ville et de la province, s'assemblèrent le 17 du même mois de novembre par ordre du souverain, pour examiner sa demande, aux termes de l'article 42 de la capitulation. La délibération qu'ils prirent à cette occasion et qu'ils envoyèrent à l'intendant et au gouverneur sous forme de réponse, ou de requête plutôt, nous instruira mieux encore de la triste situation où les événements avaient réduit Cambrai et les Cambresiens :

Messieurs des « Estats, » dit cette pièce, « ont fait
« connoistre à Mʳˢ les commissaires le misérable
« estat où cette ville et petit pays at esté laissé par
« les Espagnols, et où elle se trouve réduitte présen-
« tement par l'exposition des frais excessifs tant
« pour la réparation des portes, ponts, guérittes,
« corps de garde et murailles de la place tout brisez
« et fracassez pendant les attaques du siége, que
« pour la construction des casernes et baracques, et
« des frais des logements des officiers tant ordinaires
« qu'extraordinaires, que l'on peut dire journaliers,

« fourniture de matelats, linceux (draps de lit),
« couvertes, paillasses, couches et autres menus
« services tant à la citadelle qu'à la garnison de la
« ville, qui at esté fort nombreuse (1) cet hyver, que
« le chauffage donné tant à l'un comme à l'autre
« quoyque dans les autres provinces la fourniture
« du chauffage et couchage pour les citadelles est à
« la charge de Sa Majesté; le tout quoy a cousté
« plus de soixante mille patagons (2) sans y
« comprendre la construction des nouvelles
« casernes pour la cavalerie (3), destinée pour l'année
« prochaine qui cousteront septante mille florins
« et plus.

« Non plus que les frais des courvez, chariots
« et pionniers qui ont estez commandez tant pour
« le transport des munitions de bouche et de guerre
« de plus de six mille boulets de canon tant pour
« le siége de Saint-Guislain (4) que pour la prépa-
« ration du progrez des glorieux desseins de

---

(1) A tel point que deux échevins étaient spécialement chargés, d'une manière permanente, de pourvoir au logement des troupes de garnison ou de passage. Ils recevaient pour « honoraires » à cause de cette besogne, 144 lt. (f. 59 v.); et les greffiers de la chambre pour grands travaux, vacations et occupations « à raison des logements de « la garnison, passages et repassages des trouppes » touchaient une gratification de 200 lt. (f. 79) — Comptes de 1677-1678.

— Voir également pour les charges militaires de toute nature, l'article cité plus haut : *Charges et revenus etc.*

(2) Le patacon valait 48 patars ou 60 sous tournois.

(3) Rue Saint-Lazare. — Voir plus loin.

4) Cette ville ne fut investie que le 1er décembre suivant, par le maréchal d'Humières, qui l'enleva le 11 du même mois (Q. 543).

« Sa Majesté que nous voyons avec joie heureu-
« sement réussir, montant à des sommes immenses.

« Sans aussy comprendre les frais des gardes et
« chauffage qu'il faut aux corps de garde establis sur
« la rivière de Seille (1) pour empescher les incur-
« sions des ennemis.

« Lesdits Estats s'estoient persuadez que cette
« dépense faite en neuf ou dix mois de temps, auroit
« meu Sa Majesté à dilayer la demande d'une ayde
« ou don gratuit jusqu'à l'année prochaine, affin
« d'avoir le temps de se reconnoistre, et aspercevoir
« les moyens de ne paroistre pas ingrats des obli-
« gations qu'ils ont à Sa Majesté de les avoir si
« glorieusement mis et receu au nombre de ses
« fidels subiects, et que réfléchissant sur le bien et
« repos qu'apporte cette conqueste à ses subjets
« de Picardie, Vermandois, Tirrache (Thierache) (2)
« et Artois, Elle aurait donné au peuple de sa ville de
« Cambray et pays de Cambresis, le moyen de s'y
« restablir et commencer à gouster les douceurs et
« advantages de la domination françoise et faire la
« différence des vexations et rudesse qu'ils ont
» souffert auparavant.

« Néantmoins comme ils n'ont en rien voulu
« céder au zèle et affection des provinces voisines,

---

(1) La Selle, près du Câteau.

(2) Partie de l'ancienne Picardie aujourd'hui comprise dans le nord du département de l'Aisne. Elle avait pour chef-lieu Guise et pour principaux centres de population Marle, La Fère, Nouvion.

« ils ont offert tout ce qu'ils avaient de vaillant à
« M^{rs} les commissaires, se remettant à leur jugement
« après avoir pris appaisement de l'estat de leurs
« moyens et puissance, mais ne s'estants pas
« contentez de cette réponse indéfinie.

« Lesdits Estats qui ont voüez leurs vies et sang
« au service du Roy (quoyque dans une impuissance
« palpable d'accorder aucune somme) voulants obeyr
« et se sousmettre aveuglement aux volontez de
« Sa Majesté luy ont accordez la somme de cinquante
« mille florins pour ayde et don gratuit, pour une
« année qui finirat à pareil jour de l'acceptation que
« Sa Majesté serat servie d'en faire despescher
« l'acte, se confians néantmoins quelle leur en ferat
« remise de la bonne partie, en considération des
« charges et dépenses sus mentionneez, et de celles
« qu'une ville et pays dans un changement d'Estat
« doit essuyer dans les premières anneez, qui sont la
« plus part extraordinaires et imprévoiables ;
« suppliants très-humblement Sa Majesté que le
« payement de la somme qu'elle serat servie
« d'accepter puisse se faire en quattre termes esgaux
« et l'acte qu'elle en ferat despescher le contienne.

« Ainssy accordé les jour, mois et an que dessus.
« Signé, par ordonnance J. Canonne. (1).

Les Etats avaient brûlé leur encens en pure perte.
Nous n'avons pu connaître si la « modération »

---

(1) Nous devons la communication de ce document à M. l'abbé Lehaisnes, archiviste du Nord.

demandée par eux fut accordée, mais nous savons que le principe resta sauf : réduite ou non l'aide fut payée.

Si nous n'avions moins à faire une étude historique qu'une chronique, ce chapitre des aides, dons gratuits, dixième, vingtième, capitation etc., etc., et autres suçoirs fiscaux tiendrait dans notre travail une place toujours trop considérable dans l'histoire des peuples grands ou petits. Le nombre des dénominations sous lesquelles on déguisait ces subsides énormes, n'aurait d'égal que les plaintes et les récriminations — vaines hélas ! — qu'ils provoquaient, et la haine des agents royaux qu'ils faisaient naître dans tous les cœurs. Il faut lire dans le remarquable ouvrage de M. de Sainte-Suzanne : *L'Administration sous l'ancien régime*, et dans plusieurs des études si consciencieusement faites par M. Wilbert sous ce titre général, *Histoire du nord de la France et plus particulièrement du Cambresis par ses institutions* (1), les détails d'exactions dont « les gens du tiers » étaient seuls victimes, pour comprendre que la révolution de 1789 ne fut point l'œuvre d'un jour, mais le dénouement inévitable d'une crise dont l'origine remontait haut, et que l'excès de compression finit par faire éclater.

Le 11 décembre, la prise de Saint-Guislain terminait cette année la campagne de Flandre. Ce

(1) Les diverses parties de cet important travail ont été publiées dans les *Mémoires de la Société d'Emulation*, tomes XXXe à XXXIIIe, inclus.

nouveau succès des armes de la France était également célébré dans nos murs par des réjouissances publiques, toujours les mêmes. C'est la dernière manifestation de ce genre que payèrent en 1677, les finances de notre ville (1).

Le 14, M. de Saint-Pouange passait à Cambrai, on lui présentait 36 cannes de vin (54 lots) et l'on inscrivait au chapitre des « dons et présents » 74 l. 9 s. 6 d., également dernière dépense de ce genre pour l'année de la réunion de notre cité à la France (2).

A cette époque les embarras n'avaient pas cessé d'être grands pour loger la garnison et les officiers. Dès longtemps déjà, sous la domination espagnole, pour suppléer à l'insuffisance des casernes du Carré-de-Paille (3), de la citadelle, et des roquettes de Selles et de Cantimpré, on avait élevé sur divers points, des abris en planches pour les soldats (4). On avait en outre affecté à leur usage, — nous l'avons dit, — les échoppes des grandes et des petites boucheries. Mais l'affluence des troupes était telle que ces baraques ne pouvaient les contenir toutes. Après la prise de Cambrai une ordonnance du Magistrat prescrivait la construction d'une

---

(1) « Pour cinq cents trois petites futailles achetées et consommées durant « l'an de ce compte pour les feuz de joye quy se sont faicts à l'entrée du « Roy, pour la prise des villes de St-Omer et St-Guislain, payé v⁵ ix lt. (Compte de 1677-1678, f. 56).

(2) Id., f. 38.

(3) Construite en 1601. — Bouly. *Dictionnaire historique*, page 61

(4) Compte de la ville, 1651 à 1678, et *Capitulation*, à l'appendice.

« grande grange sur la place d'Armes (1) » pour y mettre les gens de guerre, en attendant que la caserne qu'on allait approprier rue Saint-Eloi, en place du collége Majoris (2), fut achevée.

Si les soldats, fantassins et cavaliers, avaient trouvé ainsi à s'abriter provisoirement tant bien que mal, ces mesures n'avaient point rendu plus nombreux les logements pour les officiers, dans les maisons de ceux qui en avaient la charge. Le 16, une requête présentée par le Magistrat à l'intendant Le Peletier, « disait que la ville n'étant « pas d'une grande étendue ny fort peuplée, il est « impossible d'y loger commodément la grande « quantité de troupes d'infanterie et de cavalerie qui « y sont présentement en garnison. » Elle ajoutait que « Jean-Baptiste Foulon et François Leclerc « dit Latour, occupant les deux plus considérables « hostelleries de la ville, » s'étaient rendus fermiers du bail des chevaux de louage afin de s'exempter légalement par ce fait, du logement des gens de guerre. Pour parer le plus possible à la difficulté de la situation, l'intendant ordonne que le Magistrat se

---

(1) « Le 29 d'avril 1677 — Messieurs du Magrat ont résolu de donner les « hobettes de la grande boucherie sur le Marché au Bois pour la garde de « la cavallerie et ce par provision jusques à ce que la grande grange sur « la place d'Armes, soit mise en estat pour les loger. » —
Registre aux délibérations, folio 362 — note. — (Manuscrit de la bibliothèque communale n° 1055.)

(2) En face de l'église Saint-Eloi. La rue Saint-Eloi était la partie de la rue St-Lazare vers la porte de Selles.
Voir pour le collège Majoris : *Charges et revenus etc.*

substituera à tous les droits de ces fermiers, moyennant de les rembourser du prix de leur bail et qu'il pourra alors loger les officiers de la garnison dans les dites hôtelleries (1).

Cet incident termine les tribulations de nos échevins pour l'année 1677.

L'année 1678 voit la guerre se continuer. Les troupes qui étaient restées en Flandre prirent la route de l'Allemagne, mais sans qu'elles sussent jamais avant l'heure du départ de chaque étape, le lieu de leur destination, afin de mieux garder le secret de la nouvelle campagne qu'elles allaient entreprendre. C'est dans ce secret absolu que résidait pour Louvois l'assurance du succès de cette nouvelle campagne dont il avait pour ainsi dire tracé le plan. Les corps qui étaient en Franche-Comté, se dirigèrent à leur tour vers la France; « véritablement, « la plus grande partie s'approchoit des Païs-Bas « (Q. 580). » Bientôt, Villa Hermosa est étonné d'apprendre l'investissement simultané d'Ypres, de Namur, de Mons, de Luxembourg (id. 581). Le 10 mars Gand, le 12 sa citadelle (le château), le 25 Ypres capitulaient devant Louis XIV. Le roi était parti de Saint-Germain le 7 février avec toute sa cour. Il était allé passer par Metz où il se trouvait le 22, pour arriver en Flandre, après s'être séparé à Stenay, le 27, de la reine qu'il devait rejoindre à Lille après l'accomplissement de son projet de conquête (L. 489).

(1) Archives communales. — Série EE, IV, Logements

En présence de ces nouveaux succès le parlement d'Angleterre pressait le roi Charles II de déclarer la guerre à la France, pour faire diversion en faveur des Espagnols. Les négociations pour la paix étaient tombées dans un tel assoupissement par les espérances qu'avait données aux alliés la ligue de l'Angleterre avec les Hollandais qu'il n'en était presque plus question ; et, comme les conquêtes de la France depuis les propositions que les ambassadeurs avaient faites aux médiateurs (le 3 mars 1677, — Q. 522) avaient changé la situation des affaires, le roi leur envoya un nouveau projet des conditions auxquelles il voulait faire la paix (Q. 585). C'était son ultimatum.

De même que l'année précédente, ces événements on le conçoit, ne s'étaient point accomplis sans que Cambrai en ressentît le contre-coup. Il en était résulté encore pour notre ville de nombreux et nouveaux passages de troupes. Ces troupes ne trouvaient pas plus qu'autrefois à s'abriter complétement dans les casernes à peine terminées qu'il avait fallu bâtir à grands frais, entre la porte Cantimpré et le pont des Amoureux (du côté opposé à celui où l'on voit aujourd'hui la caserne d'infanterie), puis dans la rue Saint-Lazare en face du couvent de ce nom, (comme on vient de le dire) et qui furent détruites depuis (1).

---

(1) Les premières furent cédées en 1718, à la ville par les Etats pour y établir une « tuerie, » que l'on transféra en 1835 rue Saint-Lazare. Les secondes furent vendues à des particuliers après la construction de la nouvelle caserne de cavalerie, de 1786 à 1788.

Les 8 et 9 mars Cambrai reçut la visite de la reine allant attendre à Lille le roi alors au camp devant Gand, où il était avec toute sa cour depuis le 4. La veille, le magistrat faisait publier « au son du tambour » par les « quarrefours de la ville, » l'ordre suivant :

« De par le Roy,

« Nous prevost et eschevins de cette ville de
« Cambray ordonnons et prescrivons à tous habi-
« tants et bourgeois d'icelle, le soir mesme que la
« Reine entrera en ceste ville, de mettre des lumières
« à leurs portes (1) ; et des aussitôt que le feu de joye
« serat allumé au devant de l'hostel de ville, allumer
« en mesme temps chacun un feu au devant de
« sa porte selon sa comodité ; à peine de punition
« exemplaire. Fait en pleine chambre le 7 de mars
« 1678 (2). »

Le 9 après la messe, Messieurs du Chapitre métropolitain et des chapitres de Saint-Géry et de Sainte-Croix convoqués à cet effet allaient, précédés de la croix, au devant de la Reine Très-Chrétienne,

---

(1) Les rues de la ville n'étaient point alors régulièrement éclairées ; l'établissement des « réverbères » précédant l'éclairage au gaz, ne remontait qu'à 1783 ; le 10 mai 1782 est la date du contrat passé entre la ville et l'entrepreneur Henri-Guillaume Renard déjà concessionnaire de l'éclairage de la ville d'Arras. Le nombre des lanternes était à l'origine de 121 et celui des becs de lumière de 320. La dépense s'élevant à 3,200 francs en chiffre rond, était supportée un tiers par le Magistrat et les deux autres tiers par les Etats. Chaque bec devait brûler de la chute du jour jusques une heure après le lever de la lune, quand elle éclairait. — Archives communales. Série DD, IV. Eclairage public.

(2) Archives communales. Série FF, 1 I. Police.

qui assista dans la métropole « au *Te Deum laudamus* suivi des prières pour le Roi. » Messieurs qui se souvinrent alors que Marie-Thérèse appartenait à une nation qui les avait toujours protégés et exemptés d'impôts, offrirent à la fille de Philippe IV douze médailles commémoratives de son passage, conformément à la décision prise en assemblée capitulaire (1).

La reine logea à l'archevêché avec Madame de Montespan. C'est là que leur arriva le 10 à minuit, par un courrier, la nouvelle de la prise de Gand. Ce n'est que le 14 que la femme légitime, et la maîtresse, avec madame de Béthune prirent enfin le chemin de Lille où elles arrivèrent le 16, par Arras, sous la conduite respectueuse de Villacerf, premier maître d'hôtel de la reine et « le berger de ce troupeau. » (L. 495).

Peu après, le 15 avril, les conditions nouvelles de paix, imposées par Louis XIV avaient été publiées à Nimègue « avec cette clause que le roi ne préten-
« doit point qu'elles l'engageassent au delà du
« 10 mai suivant » (Q. 587). Ce délai fut bientôt prorogé de dix jours — Voltaire dit de six semaines (2) — sur la demande de la Hollande

---

(1) *Actes capitulaires.* — Ces médailles étaient probablement d'or, au type de Notre-Dame de Grâce, comme celles qui furent offertes par le chapitre aussi, au duc de Chartres lors de son passage à Cambrai, en juin 1711. (*Mémoires de la Société d'Emulation*, année 1823, publiée en mai 1824, page 313.)

(2) *Siècle de Louis XIV*, chapitre XIII.

lasse de la guerre, « épuisée, et qui céda la première (1) » en acceptant dès lors en principe les conditions posées par la France. C'est à dater de cette publication « que les négociations commen- « cèrent véritablement à prendre le tour nécessaire « pour la conclusion de la paix (Q. id.). »

Après la prise de Gand et d'Ypres, le roi rejoignait à Lille la reine et la cour ; le 7 avril il retournait à Saint-Germain (Q. id.), deux mois jour pour jour après l'avoir quitté. Il revint le 16 en Flandre, et le 29 du même mois Louis XIV accompagné du dauphin et de la dauphine, traversait de nouveau Cambrai, se rendant à Valenciennes.

La flatterie se trouvait en retard, elle n'avait pas encore dit son mot. La porte Notre-Dame qui avait souffert du siége, dont une des attaques s'était faite de ce côté, avait été réparée en juillet 1677.

On y avait placé un cartouche (une plaque de marbre) attendant une inscription pour le remplir. Un an après, le 19 juillet 1678, l'intendant Le Peletier écrivait de Gand à M. des Groseliers (sic) :

« Je vous envoie Monsieur, une petite inscription
« que j'ay faite pour remplir la cartouche qui est à
« la porte de Notre-Dame. Je vous prie de la faire
« voir à M. le gouverneur, et de prendre ensuite des
« mesures pour la faire graver sur le marbre de
« cette cartouche. Je joins au paquet un petit model

---

(1) Racine *Précis historique*, etc.

« de la grandeur que je croy que l'on peut donner
« au caractère à proportion de la grandeur de la
« cartouche. Il seroit bon pour plus grande seureté
« d'en faire l'essay sur du papier de la mesme
« grandeur. Je vous prie très-humblement de
« vouloir bien prendre garde quelle soit gravé
« nettement, et correctement ; vous observerez que
« les deux dernières lignes estant plus courtes ne
« doivent pas commancer si près du bord. Je suis
« Monsieur de tout mon cœur, votre très-humble
« et très-obéissant serviteur. Le Peletier. (1).

M. l'intendant n'avait-il donc pas encore lu les fables de La Fontaine, qui depuis dix ans déjà amusaient « et la ville et la cour ; » il se parait « des plumes du paon » en se disant l'auteur de l'inscription suivante, composée sur sa demande, par son ami le baron de Vuoerden (2) :

LUDOVICUS MAGNUS
TERTIO POST MENSE QUAM VIRTUTIS AC CELERITATIS PRODIGIO
URBEM SPECULAM BELGII, ARCEM SPEM TAGI CEPISSET
CIVIUM COMMODO, CIVITATIS ORNAMENTO
IMPERII MUNIMENTO CONSULENS
HANC PORTAM REPARAVIT AUXIT, DECORAVIT
ANNO M DC LXXVII.

(1) Archives communales. — Correspondance, série BB.
(2) On lit en effet dans un manuscrit de la bibliothèque communale, intitulé : *Inscriptions, monuments, proses, ouvrages d'esprit du baron de Vuoerden, depuis 1670 jusqu'en 1697* (n° 687, page 57) . « Monsieur
« l'intendant m'ayant demandé une inscription pour marquer la réparation
« d'une porte de Cambray que le Roy a fait embellir, je lui ai donné la
« suivante. » Vient alors l'inscription (avec ratures et modifications) que nous reproduisons.

Cette inscription fut placée au-dessus de la porte du côté de la campagne, entre la clef du cintre et le cul-de-lampe de la niche où se trouvait déjà une statue de Notre-Dame; elle fut détruite à la Révolution (1). En réparant la porte (bâtie en 1623), on y avait ajouté en tympan au-dessus du dernier entablement, un soleil rayonnant (2) et des trophées dont il reste encore quelques traces.

Le 10 août 1678, à onze heures de la nuit, la paix entre la Hollande et la France était signée à Nimègue, une heure avant le terme fatal des négociations. Mais ce n'avait pas été sans que l'Angleterre et les Hollandais lassés des exigences du roi, ne l'eussent menacé de se liguer de nouveau contre lui s'il ne signait le 10 (3). Ce traité avait été ratifié par Louis XIV le 18 du même mois, et par les Etats Généraux de Hollande le 19 septembre suivant (4).

(1) Elle a été remplacée depuis par la suivante :

Valencenis sæviente Martio vi captis ac stupente orbe prædæ ereptis
Dum Sancti Audomari civitas Regis jussu copiis ac auspiciis expugnatur
Arausionensis instructo acie per Aurelianensem profligatur
LUDOVICUS MAGNUS CAMERACUM *Galliæ diu tremendum ac immanens*
Totis regni viribus bis frustra tentatum
Urbem vii, arcem vero xiij dierum obsidione dirutam ac jam non patentem,
Pridie nonas aprilis ac xiij. Kal. maias anni M. VI LXXVII recepit victor
Cameracensibus gallici juris vix dum effectis
Æque ac suis charus et suscipiendus.

(2) C'était on le sait, l'emblème royal.

(3 Georges Avenel. — Notes du *Siècle de Louis XIV* par Voltaire, (édition du journal *Le Siècle*, tome II, page 400).

(4) « Les ambassadeurs de Hollande avaient demandé à ceux de France
« qu'il fût changé quelque chose à l'article VII du projet de traité du

Le 17 septembre un second traité de paix avait été conclu également à Nimègue, entre la France et l'Espagne.

Il fut ratifié par « le Roi Très-Chrétien » le 3 octobre, et par « Sa Majesté Catholique » le 14 novembre de la même année.

Désormais Cambrai appartenait définitivement à la France.

« Quand le traité parut à Madrid et qu'il fallut le
« ratifier, dit Racine (1), la plume tomba des mains
« à tout le conseil. Ces politiques si accoutumés
« à regagner par les traités ce qu'ils ont perdu par
« la guerre, ne savent plus où ils en sont lorsqu'ils
« voient qu'il leur faut abandonner par celui-ci :
« Cambrai, Valenciennes et tant d'autres places
« fameuses. »

En effet il y était dit, article XI :

« Ledit Seigneur Roy T. C. retiendra et jouira
« effectivement, tant pour lui que ses successeurs
« à toûjours, de tout le comté de Bourgogne, vulgai-
« rement appellé la Franche-Comté, y compris la
« ville de Besançon et son district, comme aussy
« de Valenciennes, Bouchain, Condé, Aire, Saint-

« commerce, et avaient témoigné une grande crainte que le Roy après qu'il
« auroit signé leur paix particulière, n'achevât la conquête des Païs-Bas, si
« les Espagnols n'acceptoient pas les conditions en même temps qu'eux
« (Q. 626). » Pour rassurer les Etats Généraux sur ce point, Louis XIV
leur adressa une lettre, étrangère à notre sujet, et dont une copie se trouve
aux archives communales.

(1) *Précis historique* etc

« Omer, et leurs dépendances, Cambray et le
« Cambresis, Ypres et la Châtellenie, Warwick et
« Warneton sur la Lys, Poperinghen, Bailleul,
« Châtel Baway et Maubeuge avec leurs dépen-
« dances.

« XII. Et ce, avec tous les droits de souveraineté,
« propriété et tous autres qui ont ci-devant appar-
« tenu au Roy Catholique, encore qu'ils ne soient
« particulièrement énoncés au présent traité, par
« lequel ledit Seigneur Roy Catholique cède,
« renonce, quitte et transporte à toûjours tous les
« droits avec lesdites villes et pays audit Seigneur
« Roy Très-Chrétien (Q. 643). »

La situation faite aux habitants était réglée de la manière suivante :

« XXI et XXII. Tous les sujets de part et d'autre,
« tant Ecclésiastiques que séculiers, seront rétablis
« dans la joüissance de leurs dignités, et biens
« saisis, et occupés, tant à l'occasion de la guerre,
« que pour avoir servi le parti contraire ; ensemble
« dans les successions et droits à eux survenus
« depuis la guerre, sans pouvoir rien prétendre
« des frais tant que la confiscation a duré.

« XXIII. Pourront en personne venir joüir de
« leurs dits biens, ou s'ils veulent établir leur
« domicile ailleurs, pourront les faire valoir par
« procureur en toute liberté, excepté les bénéfices
« obligeans à résidence.

« XXIV. Ceux qui de part et d'autre auront été
« pourvus de bénéfices pendant la guerre en demeu-
« reront en possession leur vie durant.

« XXV. Tous les Ecclésiastiques pourvûs par
« lesdits Seigneurs Rois avant la guerre ou durant
« icelle de Bénéfices ausquels leurs Majestés étoient
« en droit de pourvoir avant la rupture entre les
« deux couronnes, seront maintenus en la jouissance
« des Bénéfices, et aux droits de conférer les Béné-
« fices en dépendans, encore qu'ils se trouvassent
« situés dans l'étendue de la domination du parti
« contraire (Q. 647). »

Cette paix, qui fut l'objet à Cambrai des démons-
trations d'usage, devait être cimentée un an plus
tard, le 31 août 1679, « par le mariage de Sa Majesté
« Catholique avec Mademoiselle, fille ainée de
« Monsieur et de la princesse d'Angleterre sa
« première femme (Q. 670). »

Notons ici cette remarque déjà faite, que la nation
française par le traité de Nimègue, imposait du
même coup sa volonté et sa langue : c'est à partir
de cette époque que le français devint le langage
officiel de la diplomatie (1).

(1) *Histoire de France etc.*, par Bordier et Charton.

V

l reste à dire un dernier mot des fortifications et de la Citadelle pour compléter ce que nous avons pu recueillir touchant le siége de Cambrai par Louis XIV et les conséquences qu'il eut pour notre cité.

On a vu que le roi lors de sa visite de la Citadelle, le 19 avril 1677, avait chargé Vauban de la mettre ainsi que la ville, en état de défense. Cet ordre avait reçu en 1678 un commencement d'exécution. Quelques jours après le passage de la reine, le 26 mars, en présence de M. de Cesen il était fait « par Messieurs les comis et députez aux fortifi- « cations de la ville et à l'environ, » une visite générale pour reconnaître les ouvrages et réparations à faire tant aux portes que sur les remparts.

Une brève analyse de cette « visite » nous fournira quelques indications stratégiques et quelques désignations intéressantes pour la ville. C'est ainsi que l'on constata qu'il fallait boucher les trous de la caponnière « proche de la citadelle, du costé » de la Porte-Neuve ; « mettre au niveau la muraille « contigüe l'aguerilte de la porte Nœuve où doit « avoir une clochette ; » et à la même porte réparer la chaussée et le pont dormant ; réparer des trous de canon au boulevard Saint-Georges et vis à vis la grange de Saint-Sépulcre, et deux tronières (1) devant « le pré de Saint-Sépulcre ; » faire une couverture « d'escaille (d'ardoises) à une aguerilte derrière « le jardin des jésuites, » réparer le « corps de garde « d'Abancourt vis à vis Saint-Fiacre ; » et depuis ce « corps de garde en allant vers Cantimpré revestir « de bricques la tranchée en la relargissant aux « endroits où la largeur du rempart le permet et « y faire des escaliers de cent en cent pas, et puis « continuer de mesme jusqu'à la porte de Selles ; » soutenir avec quelques planches la guerite devant l'église de Prémy ; réparer « une daudenne tenant « aux arches au devant du jardin de Roguet ; » faire un bout de muraille « au coin dudit jardin « devant la blanchisserie ; » à l'autre coin « au devant « de la batterie du Torillon, raccommoder le rempart « le rélargir avançant sur ledit torillon, et empescher « les deux descentes dans le quartier ; » faire « au coin « de la roquette de Cantimpré... un aizement pour « quatre ou cinq personnes ; » faire piloter et mettre « des croustats (2) pour retenir les terres du rempart

---

(1) Embrasures pour le canon.

(2) Ou croutat : planche dont un côté est en surface plane et l'autre brut. — Palissade.

« entre la porte de Cantimpré et la rivière allant vers
« l'haubette au diable ; » piloter au « coin de la rue
« des Bouchers proche du chaufour Bourdon »
comme à Cantimpré ; boucher les embrasures de la
casemate de la porte Robert, etc. (1)..

L'année suivante, dans une autre « visitation »
du 9 mai, on reconnut de même la nécessité de
réparer les chaussées des portes Neuve, de Saint-
Sépulcre, de Cantimpré, de Selles, de Notre-Dame ;
les corps de garde de ces portes et ceux de la rue des
Cygnes et de la courtine de Selles. Des réparations
furent également jugées nécessaires au parapet de
la demi-lune de la Porte-Neuve ; à la casemate et
aux « agarites » (guerites) du boulevard St-Georges,
à la guérite devant Prémy ; à celle du « Cliquoteau ; »
à la muraille vis à vis la « burie » (blanchisserie
ou buanderie) du Paon ; au « mur et à l'agarite
« des Arquets ; » à la « muraille de la roquette »
de la porte Cantimpré « au comble de « l'haubette
« au diable ; » à « la muraille du rempart un peu plus
« en avant ; » à « celle vis à vis Saint-Eloy et deux
« autres haubettes devant le lis ; » au « pont de
« communication derrière les moulins de Selles pour
« aller aux grils de la rivière ; » à « la grande muraille
« qui sert d'épaulement auxdits moulins ; » à « la
« muraille du pont sur la rivière du grand golfre
« gouffre qui se void par le jardin de Monsieur

(1) Archives communales, Série EE, III, Fortifications.

« le gouverneur (1) ; » au « cavallié ou batterie « derrière les Orphelins (aujourd'hui rue des « Bleuettes) ; » à la « muraille du rempart derrière « le jardin des Pères Carmes. » Il était en même temps jugé convenable de faire disparaître le « picotage du canon » et les petites brèches sur la couture et le flanc à la porte Notre-Dame et « desseure le grand golfre de la porte de Selles ; » enfin de faire un glacis de gresserie à l'entour du corps de garde de la Porte-Robert.

La citadelle n'avait pas été oubliée : cette même année 1679, les plans du célèbre ingénieur militaire qui avait été fait l'année précédente commissaire général des fortifications, recevaient aussi un commencement d'exécution. Vauban enferma pour ainsi dire l'ancienne forteresse dans une nouvelle en recouvrant de murailles neuves les quatre courtines et les quatre bastions de l'édifice de Charles-Quint. Par ce revêtement on augmentait le plan du mur d'enceinte, réservant entre l'ancienne chemise et la nouvelle ces souterrains bien connus des Cambresiens et auxquels donnent accès des escaliers de pierre. « Ce qui ne laisse aucun doute à cet égard, ce « sont de grands écussons (brisés) en pierre de « taille, qui existent à l'angle d'un bastion primitif « dit *de Balagny* (2), et qui sont aujourd'hui

---

(1) Ce jardin était situé dans une demi-lune derrière les moulins *Biographie du baron de Vuerden*, par Ch. de Vendegies page 95 ; et comptes de la ville.

(2) Bastion n° 1 ou de l'Est.

SOUTERRAIN DU BASTION N°2.

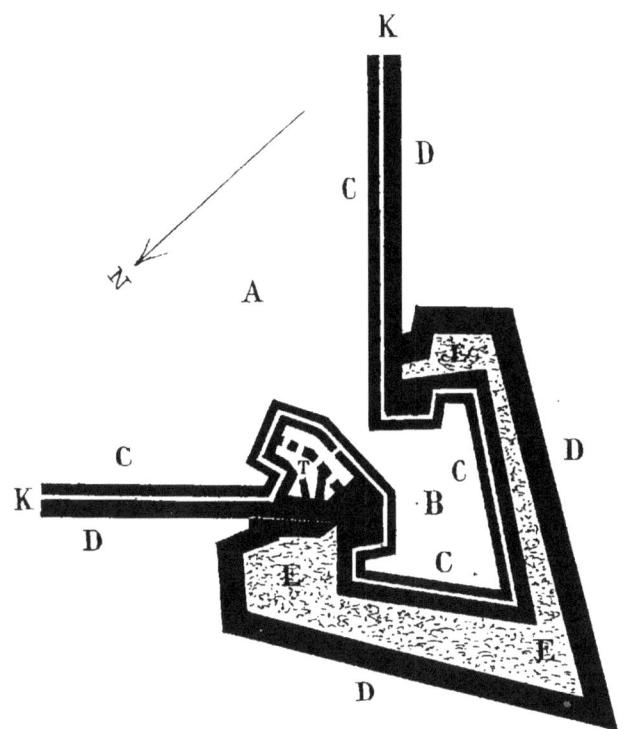

A Citadelle.

B Bastion N°2.

C Enceinte de Charles-Quint.

D Enceinte de Vauban.

E Remblai.

T Souterrain dit : *la chapelle*.

K Passage souterrain.

CITADELLE.

SOUTERRAIN DU BASTION N.º 2.

« enfermés dans le souterrain (1). » Ces passages suivent toutes les sinuosités du tracé. A la gorge des bastions, rendue plus large par le dehors, ils s'épanouissent en des sortes de chambres immenses (2), pyramides inclinées dont le sol est au niveau de celui du fossé extérieur, et dont le sommet touche le terre-plein du rempart où il s'éclaire par une ouverture (ou cheminée,) grillée de forts barreaux de fer. Des arcs ou contreforts en maçonnerie, servant à maintenir l'écartement des murs en talus, en résistant à la poussée des terres, semblent des ponts jetés sur un abîme à différentes hauteurs (voir les planches). Vauban, en donnant à cette enveloppe extérieure une épaisseur variant selon le point qu'elle revêt, a pu modifier ainsi la direction des faces des bastions, diminuer selon son système ou tracé, l'ouverture de l'angle formé par chacune de ces faces avec la courtine, et changer en même temps la forme de l'orillon. Il fit de plus abattre le « châtelet » qui surmontait la porte d'entrée dont l'entablement se trouva alors de niveau avec la base du parapet.

On mettait de même les défenses extérieures en

---

(1) *Les Souterrains de Cambrai et du Cambresis*, par E. Bouly et A. Bruyelle, page 161.

(2) Celle que nous reproduisons a été retrouvée il y a une cinquantaine d'années. « Le hasard, un éboulement seul en a donné connaissance. » On la désigne vulgairement sous le nom de « la chapelle, » sans que rien justifie historiquement cette désignation.

Il est probable que semblable excavation existe dans d'autres bastions de la citadelle.

rapport avec les régles nouvelles qu'avait imaginées le savant ingénieur. Pour agrandir l'esplanade et dégager les abords des bastions n° 2 ou de Saint-Pierre, à l'ouest, et n° 3 ou de Saint-Jean du canon, au sud, et donner sur ces points au glacis une inclinaison moins rapide, on supprimait dans la rue menant à la Porte-Neuve (aujourd'hui Allée des Soupirs), le rang des maisons qui tournaient le dos à la citadelle, ainsi que d'autres groupes d'habitations vers « la Croix à Poteries » où l'on a établi depuis les jeux publics de billon, d'arc et de fléchette, près de la rue des Pochonnets.

Le 5 avril, deux ans jour pour jour après la reddition de la place, en conséquence des ordres de l'intendant Le Peletier, son « subdélégué à l'inten-
« dance de Cambray, Vallenciennes, Bouchain et
« Condé, Louys de Valicourt conseiller du Roy,
« Arnould Thiéry ingénieur et architecte du Roy,
« grand bailly du temporel de l'évesché de Tournay
« et l'un des députez de la noblesse aux Estats dudit
« Tournay et Tournesis, accompagnez des sieurs
« Charles Driancourt licentié es loix et Pierre
« Watier, eschevins et députez du corps du Magistrat
« de Cambray en ceste partie, assistez de Philippe
« Pouillaude m^{re} arpenteur, Robert Doutart, Cornil
« d'Arleux, Pierre Bardoux et Jean Le Maire
« m^{res} charpentiers, maçons et priseurs ordinaires,
« jurez et sermentez de la ville » se transportaient sur le terrain, « pour besoigner à la prisée et esti-
« mation des fonds d'héritaige et maisons » à

« démolir et abattre pour agrandir l'esplanade de la
« citadelle de Cambray, affin de la rendre plus
« ample et plus libre pour la liberté du feu des
« défenses de la ditte citadelle. »

Ces constructions formaient cinq groupes. Le premier « en la rue vers la Croix à Potteries au long « de l'esplanade, » prenait à « la maison faisante « le bout du costé de la porte de la citadelle, appar- « tenant à Madame de Talma ; » présentant une face à l'esplanade (plan II, 6). Le second, « rue des « Pochonnets, commançant vis à vis la rue Croix « à Potteries » aboutissait, presque au même point que la rue des Soupirs. Cette portion de la rue des Pochonnets s'infléchissait vers la gauche en formant un angle avec la direction actuelle de la voie portant encore le même nom et dont elle était la conti- nuation, 7. Elle menait à la rue donnant accès à la porte Neuve. Ces deux groupes comprenaient chacun vingt et une propriétés. Le troisième dit « chocque Lottembergue » prenait son nom de la principale maison qu'on y remarquait et qui avait vue « sur « l'Esplanade (85 pieds) sur la rue des Nonnains « (37 pieds) et par derrière sur la petite rue traversée « (35 pieds). » On y comptait trois habitations, 8. Enfin le quatrième groupe portant cette désignation vague : « autre chocque ou île (1), 9 » et le cinquième également nommé « choque ou île vers la porte

---

(1) Une des maisons de ce groupe faisait le « coing de la rue des Prêtres. »

Neuve, » 10, contenaient, celui-là dix-neuf maisons, celui-ci vingt-six, ce qui formait un total de 87 (1).

L'étendue générale du terrain à exproprier mesurait 88,100 pieds carrés ou 220 1/2 verges carrées. L'estimation s'élevait à 92,320 florins dont 17,905 pour le fonds. La plus grande de ces propriétés contenait 2,000 pieds carrés, elle était évaluée 5,900 florins dont 1,000 pour le fonds ; la plus petite, de 392 pieds était prisée 250 florins dont 60 pour le sol.

Le procès-verbal de ces opérations avait été dressé le 9 du même mois d'avril. Le 23 on publiait l'avis suivant :

« Comme par ordre et pour le service du Roy
« il convient étendre l'esplanade de la citadelle
« et pour ce abattre nombre de maisons quy ont jà
« esté visittées et prisées, Messieurs du Magistrat
« dès lors ont aucthorisé comme ils aucthorisent
« encore par cestes, les occupeurs desdittes maisons
« de se pourveoir d'aultres demeures, sans pour
« ce estre obligez payer les louaiges des maisons
« abandonnées, plus avant que le terme de leur
« occupation, et ce pour sagir d'une force maieure.

---

(1) Parmi les noms des propriétaires de ces maisons, on remarque dans le 1er groupe, Louis de Hennin, les religieuses de Saint-Lazare du Câteau ; dans le 2e, Marguerite de Baralle, Pierre de Francqueville, une maison aux Chartriers, une autre dite de Saint-Druon ; dans le 4e, Jeanne Boone de Chièvre, Pierre de Baralle, demoiselle de Francqueville, une maison à l'hôpital Saint-Julien, une autre à l'église Saint-Georges ; dans la 5e, Pierre de Hornes, etc., etc.

« Ainsy faict et résolu en plaine chambre
« (signé) Delebarre. »

Deux mois après, le 14 juin, l'ingénieur Thiéry dans une lettre au « recevеur de la chambre des fortications » lui disait :

« Je vous envoie le plan des maisons marquées en
« l'esplanade de votre citadelle, que ferez joindre
« au devis que M. votre greffier at es mains, quoy
« que il sois morallement asseuré que l'on n'abatera
« que très peu de chose de ce que nous avons
« marqué. Pour la maison des Watier et du brasseur
« (dans le second groupe) et celles au delà de la
« porte de derrière du lieutenant de roy, elles sont
« assurément sauvées. » En effet, la brasserie existait encore en 1708, car elle est, à cette date, désignée dans une embrévure.

Pour permettre aux expropriés de rebâtir ailleurs le plus promptement possible les maisons qu'ils devaient abandonner, on leur offrit au prix de l'estimation, un terrain égal sur le Marché au Bois, 11, en un point qui n'est pas autrement désigné. Puis, en vertu d'un ordre du roi, du 11 juillet, « le sieur
« Boulenger, recepveur des fortifications » leur payait le 29 sur les fonds qui restaient « en ses mains
« des deniers de ladite recepte par le compte de
« unze mois, fini l'unziesme de mars 1679, » une première indemnité de 6,518 florins 6 patars 3 deniers pour les 28 maisons qu'ils consentaient à édifier sur le dit Marché au Bois.

D'autres propriétaires au nombre de quarante ayant « déclarez ne pouvoir rebastir pour n'avoir pas « le moien, on ne laissera pas — dit le dossier auquel « nous empruntons tous ces détails — de leur « donner dans le Marché au Bois, fond pour fond, « autant que ledit marché se pourra entendre et au « mesme prix de l'estimation du procès verbal, sauf « à eux à rebastir ou vendre ledit fond, et au Roy « à en faire fournir ailleurs ce qui manquera ou à « payer le prix sur l'estimation qui en sera faicte. » Le receveur Boulenger leur solda une somme de 14,639 florins 16 patars et 3 deniers, réserve faite des deux maisons du second groupe signalées plus haut attendu que leur expropriation n'était pas certaine.

La répartition des « fonds » sur la Place au Bois, avait donné lieu paraît-il à quelques irrégularités, car le Magistrat désireux en même temps d'économiser ses finances et de se créer des ressources s'en était plaint à l'intendant qui lui fit. de Lille, à ce sujet, le 24 août la réponse suivante :

« Messieurs.

« J'ai reçu la lettre que vous m'avez fait l'honneur « de m'écrire le 22 de ce mois, au sujet de la distri- « bution des places du Marché au Bois qui doivent « être assignées aux propriétaires des maisons qu'on « est obligé d'abattre pour former l'esplanade de la

« citadelle de Cambray ; comme c'est M. Dufresne (1)
« qui a formé le plan de cette esplanade, qui s'est
« attaché à ménager le terrain en sorte qu'on ne
« fût point obligé d'abattre un si grand nombre de
« maisons, qu'il ne fait abattre cette année que ce
« qui le doit estre indispensablement, que mesme il
« a quelque ordre du Roy pour pouvoir assigner
« le terrain nécessaire à ceux qui ont dessin de
« rebastir leurs maisons, vous jugez bien qu'il ne
« peut pas se dispenser de faire ce qu'il fait, et
« je connais tellement sa probité et son équité que
« j'oserois bien répondre que vous ne trouverez
« aucun fondement à ce que vous me mandez qu'il
« assigne des places à des personnes qui n'ont rien
« perdu et auxquelles on ne démolit point de maison ;
« cependant comme le Roy a ordonné que le dédom-
« magement des propriettaires fut paié sur le fonds
« de vostre compte des fortifications, et par consé-
« quent aux despens de la ville, il est juste que les
« choses se fassent avec votre participation, et
« je suis seur que M. du Fresne sera fort aise de
« vous donner part de ce qu'il fera.

« Quant à ce que vous me proposez de charger
« les places du Marché au Bois qui seront assignées
« aux propriétaires des maisons démolies, de
« quelque reconnaissance au proffit de la ville,
« comme tous ces particuliers perdront à la démo-
« lition de leurs maisons, je ne crois pas qu'il y ait

(1) Ingénieur, et major de la citadelle, il en fut plus tard le gouverneur.

« de justice de les charger de rentes foncières, ou
« en tous cas il faudra que ces redevances soient si
« peu considérables qu'elles ne puissent passer que
« pour de simples reconnaissances, c'est à quoy nous
« pourrons aviser lorsque je dresseray un procès
« verbal en forme, de l'assignation de ces places
« pour la seureté de ceux à qui elles auront esté
« assignées. Je suis etc. »

Le 18 février 1680, une nouvelle et dernière répartition de l'indemnité, s'élevant cette fois à 18,692 florins 10 patars, fut faite aux intéressés. Il appert de l'acte dressé à cet effet, que sur les 84 maisons désignées au début comme devant disparaître, 77 seules furent démolies. Les sommes allouées en dédommagement se sont donc élevées en totalité à 33,332 florins 16 patars 3 deniers, le surplus ayant été fourni en terrain.

Cet argent était pris on l'a vu plus haut dans la caisse de la « Chambre des Fortifications » dont les ressources se composaient du produit d'impôts directs mis à cette fin sur le vin, la bière, le bois, etc., et autres objets de consommation locale et usuelle, dont les ecclésiastiques étaient presque toujours exempts ; ce qui revient à dire que les propriétaires se sont en partie « indemnisés eux-mêmes (1). »

— Ces travaux de défense amenèrent la fermeture de la Porte-Neuve ; nous ne saurions dire à quelle date

(1 Voir *Agrandissement de l'Esplanade etc.*, article cité précédemment.

précise. L'indication la plus récente que nous ayons rencontrée à ce sujet semble en outre reculer cette clôture que les *Mémoires chronologiques* cités plus haut, reportent (page 9) à l'année 1677. Or dans le *Registre des Offices*, on lit (folio 389) :

« Du 13 juillet 1683. — Jean Delavalle at esté « étably suppot des porteurs de clefs de la porte « Nœuvre et de Saint-Sépulcre et a presté serment. » c'est la dernière fois que nous rencontrons le nom de cette porte dans ce registre prenant fin en 1696.

Pour ce qui est de la porte Saint-Georges dont l'on s'accorde aussi à fixer la fermeture lors de la réunion de Cambrai à la France, voici ce qu'on trouve dans le même registre (folio 142, verso) :

« Du xvij° d'apvril 1636.

« Jean Pelletier, bourgeois demeurant au fond « de la rue Saint George de ceste ville a par « Messieurs.... esté admis de netoier journellement « les immondices estans tombans au passaige des « eaux coulans par le gril de la vieille porte de « Saint George....., moyennant quoy Messieurs « l'ont déchargé et exempté de guet et garde, come « sont aultres ayans semblable charge. »

Peut-on inférer de cette expression « vieille porte, » qu'elle était déjà fermée à la date susdite ?

— En cette même année 1680, la France était « dans une profonde paix. » (Q. 671). Au mois de février le Dauphin venait d'épouser, dans la cathédrale de Châlons, la princesse Anne-Marie-Victoire, sœur de l'électeur de Bavière. Cette union bénie par le cardinal de Bouillon était le prix de la neutralité gardée par l'électeur dans la guerre entre l'Empereur et le Roi. Après plusieurs mois passés à Saint-Germain, en fêtes et en divertissements, Louis XIV « prit le parti de visiter quelques ports de son royaume aussi bien que les places qu'il avait conquises sur les ennemis et qui lui avaient été cédées par le traité de paix. » Il partit « de Saint-Germain le 13 juillet, » avec la Reine, le Dauphin et la Dauphine, Monsieur, Madame et sa cour (1). Il vit Boulogne, Ambleteuse, Calais, Dunkerque, Ypres, Lille, Tournay, Condé et Valenciennes, d'où il vint enfin le 8 août à Cambrai. « Il y fut très-satisfait des ouvrages nouveaux à la citadelle et à la ville » (2). Cette cité revit à cette occasion plus d'un personnage qu'elle connaissait déjà.

(1) M. de Vuoerden donne dans ses *Mémoires* (manuscrit n° 686 de la Bibliothèque de Cambrai, — 6ᵉ cahier f. 16 v.) la liste des personnes de la suite de leurs Majestés c'étaient : « M. le prince, M. le duc, les princes « de Conty et de la Roche-sur-Yon, les duchesses de La Ferté et de « Richelieu, la marquise de Rochefort, le Père de la Chaise, Madame, Made- « moiselle, le duc d'Elbeuf, le prince de Lillebonne, M. le Grand, le « chevalier de Lorraine, le comte de Marsan, le chevalier d'Harcourt, le « Palatin Birkenfeld, le marquis de Louvois, M. Croissy Colbert, M. de « Seignelay, M. de Châteauneuf, les cardinaux de Bouillon, d'Estrées et « Bousy, les ducs de Créquy, de Montausier, de Saint-Aignan, de Noailles, « de Villeroy, de Chevreuse, d'Aumont, de Coeslin, de Duras, de la « Feuillade, de Lesdiguières, de Bouillon, de la Rochefoucault, de Crusol, de « Béthune, les maréchaux d'Humières, de Bellefonds, de Lorges, de « Schomberg, le marquis de Tilladet, le chevalier de Tilladet, le marquis « de Sillery, les comtes de Roye, de Plessis et d'Auvergne....Cent vingt- « cinq carrosses à six chevaux et 10,000 personnes. »

(2) *Mémoires du baron de Vuoerden*, (6ᵉ cahier, f. 18 v.).

La royale visite était prévue depuis l'année précédente (1). On avait fait de grands préparatifs pour recevoir Leurs Majestés et leur suite. Dans la chambre du domaine, de chaque côté de la cheminée monumentale dont le manteau avait été blanchi et redoré pour la circonstance, Jérome Pellé, un artiste Cambresien, avait peint les armes du roi et celles de la reine. On les voyait aussi répétées dix fois dans les rues par lesquelles les augustes visiteurs devaient passer. Ces écussons, les armoiries du Dauphin et de la Dauphine et trois trophées complétant la décoration étaient aussi l'œuvre de Pellé (2). Ces tableaux armoriés avaient été ornés de rubans aux couleurs royales, par « les filles dévotes de Sainte-Agnès » (3). On avait renouvelé pour cette circonstance le « drap » ou tenture que l'on étendait sur la balustrade de la bretèque — bleu, bordé de jaune — et Richard Willeux encore, avait brodé en couleurs, au milieu, les armes de la ville (4).

---

(1) Un article de compte que nous citerons plus loin, le prouve par les dates qu'il rappelle.

(2) Compte de 1680-1681 f. 77.

(3) Elles reçurent par ordonnance du 31 août 1680, 63 fl. 3 p. (même compte, f. 58)

D'abord installées près de la porte Saint-Sépulcre, ces filles dévotes dont « l'engagement religieux » n'était que temporaire, avaient été mises par Vander Burch, en 1631, en possession de la maison qu'il avait fondée, dans la grande rue qui porte aujourd'hui son nom, en faveur de jeunes orphelines que les filles de Sainte-Agnès furent chargés d'instruire.

(4) Ce « drap » avait nécessité une assez forte dépense, savoir : 30 aunes de drap bleu à 3 fl. 5 p. et 8 aunes 2/1 de drap jaune, à 3 fl. 15 p., soit 130 fl. 6 p.— Les armoiries brodées par Willeux, 148 fl. 10 p. — « Soye canevaz

166 LE SIÉGE

Des médailles d'or à l'effigie du roi lui furent offertes dans une bourse de velours élégamment brodée, et achetée exprès à Paris pour les contenir (1). D'autres médailles furent également remises à titre de souvenir, aux principaux personnages de la suite du souverain. Ces présents avaient occasionné une dépense assez lourde. L'or seul avait coûté 2,327 florins 2 patars 12 deniers (2). Le coin avait été payé 264 fl. 10 p. au sieur Pierre de Francqueville, échevin qui s'était chargé de le faire graver à Paris. On tenait apparemment à laisser une œuvre d'art entre les mains de Sa Majesté.

Les clefs de la ville portées par l'un des huissiers de la chambre sur un plat d'argent tiré du mobilier communal (3) et couvert d'un voile aux couleurs

« anneaux, etc., 84 fl. » — Façon payée au tailleur Philippe Pingré, 28 fl. 4 p., total 391 florins.

Ordonnances des 20, 22 et 31 août et 29 novembre 1680. (Compte de 1680-1681 f. 76, v. 77, r. et v. et 78).

(1) « A M. Desgroseilliers, conseiller pensionnaire pour divers débours et « notamment pour une bourse achetée à Paris pour présenter des médailles « d'or au Roy payé par (ordonnance du 31 décembre 1680) 14 fl. ij p. « (même compte f. 50 r)

(2) « A honorable homme Nicolas Mallet licentié es lois pour faire « fabriquer les médailles d'or à présenter au Roy et à la cour payé (par « ordonnances des 21 juillet et 22 décembre 1679) compris trois pattagons « payés à Jean-Baptiste Du Puis pour avoir eté à Valenciennes pour « avoir de l'or... ij^m j^c 1 fl. xv p. ij d. »

« Au sieur Bougenier pour autre or, 176 fl. 3 p. 12 d. — Au sieur de « Francqueville pour la façon du coin, 261 fl. 10 p. faisant ensemble « iiij^c xl fl. xvj p. xij d. (Compte de 1679-1680 f. 66 r.).

(3) Voir les Argenteries de la ville de Cambrai, par A. D. (Mémoires de la Société d'Emulation tome xxxiv, 1re partie p. 157).

cambresiennes, avaient été présentées au roi. On les avait fait redorer pour la cérémonie ; c'étaient les mêmes qui avaient été offertes le 20 janvier 1539 à Charles Quint (1). Elles n'étaient point indignes, on le voit, malgré cette sorte de prostitution d'être touchées par celui qu'on allait nommer désormais « Louis le Grand » (2). Le soir eut lieu le feu de joie et l'illumination traditionnels.

Messieurs du Magistrat avaient tenu à garder de cette royale visite, la dernière que Louis XIV fit à notre cité, un souvenir durable. D'autres médailles, douze d'argent, trois d'or, aussi à l'effigie du souverain furent demandées à un artiste de Cambrai, Etienne Bernard, orfèvre graveur (3), pour être remises aux principaux membres des autorités militaires, ecclésiastiques et civiles. De plus, la relation suivante fut transcrite au registre du Magistrat.

« Entrée du Roy en ceste ville de Cambray le
« 8ᵉ jour d'aoust 1680.

« Le Roy accompagné de toutte la cour et des
« troupes composantes sa maison, visitant les
« places conquises par ses armes est arrivé en

---

(1) Elles furent depuis également présentées à Napoléon 1ᵉʳ, le 28 avril 1810 ; à Charles X, le 4 septembre 1827 ; à Louis Philippe 1ᵉʳ le 4 janvier 1833. Elles figurent actuellement au musée.

(2) Ce titre lui était solennellement décerné en 1680 par le Magistrat de Paris.

(3) Les 12 médailles d'argent furent payées par ordonnance du 3 septembre 1680, — 75 fl, et les 3 médailles d'or par ordonnance du 16 janvier 1681, — 337 fl. (Compte de 1680-1681 f. 50 r et v.).

« ceste ville de Cambray le jeudy 8ᵉ jour d'aoust
« 1680, sur les cinq heures de relevée ; estans,
« Messieurs du Magistrat en corps à la porte du
« Mal (de Valenciennes) ayans Monseig^r le Marquis
« d'Humières, capitaine général de la province à
« leur teste, avec Monsieur de Cesen gouverneur de
« la place, lequel mit les clefs de la ville entre les
« mains dudit seig^r Mareschal quy les présenta
« au Roy par lequel elles furent touchées et
« rendues, et après, par ledit seig^r Mareschal à
« Monsieur de Cesen ; Sa Majesté tesmoignant
« par un visaige gay et riant la joye qu'il avoit
« d'estre en ceste ville. Puis, entra en icelle
« parmy le cry et acclamations du peuple en
« foule de : vive le Roy.

« Vers les sept heures du soir, Sa Majesté
« sortit de son logement qui luy avoit esté préparé
« au palais archiépiscopal, monta à cheval et vint
« sur la grand place où il fit revue des trouppes
« de la garnison et de la prit son chemin vers
« la citadelle, passant au-devant de l'hostel de
« ville où le Magistrat estoit rangé ; lequel ayant
« faict une profonde révérence à Sa Maiesté elle
« at eu la bonté de saluer le corps en ostant son
« chappeau et baissant la teste.

« Le lendemain vers les dix heures du matin,
« le Roy vint en l'église Métropolitaine ouïr la
« messe, où se trouvèrent mesdits sieurs du
« Magistrat quy eurent l'honneur de saluer Sa

« Majesté à l'entrée et sortie de l'église et elle
« eut la bonté de leur dire comme elle alloit
« monter en carosse, ces mots gracieux : *Messieurs
« continué le zèle que vous avez tesmoigné pour moy
« et je continueray l'affection que j'ay conceu
« pour vous avec plaisir.* Ce fait, le Roy monta
« en carosse et continua son chemin allant
« coucher le même jour à Landrecies. »

Le 8 au soir il y avait eu feu de joie. On y avait brûlé « cens vingt-quatre tonneaux » (soit 121 fl. 1 p.) que Pellé avait peints en bleu et semés de fleurs de lis jaunes, ainsi que nombre de guidons et bannières (1).

Louis XIV toujours victorieux jusqu'alors, était au comble de la gloire ; mais « il était difficile de briller avec modestie d'un si grand éclat. » Son ambition l'empêchera « de profiter de la paix pour fermer les plaies de la guerre. » (2). C'est une nouvelle phase de l'histoire que nous n'avons pas à étudier. Il ne nous reste plus à mentionner que le séjour de garnison dans la citadelle de Cambrai, de 1682 à 1694, de l'une des neuf compagnies de *cadets* gentilshommes créées par Louvois. Et après avoir ajouté que ceux-ci se firent surtout remarquer dans notre ville par leur persévérante mutinerie (3) nous nous

---

(1) Même compte, f. 77.
(2) Bordier et Charton. — *Histoire de France*, tome II., p. 265.
(3) Voir à l'appendice une note sur ce sujet.

bornerons à dire que désormais, les Cambresiens ramenés par « le Dieu des armées, » dans le giron de la mère patrie, se montreront en toute circonstance Français par les actes comme par le cœur. En 1777, obéissant à leur propre inspiration autant qu'à un devoir politique et à leur goût naturel pour les fêtes, ils célébraient le premier centenaire de l'anniversaire de leur retour à la France.

Le 29 mars le Magistrat en vue de cette célébration prenait la délibération suivante :

« Messieurs du Magistrat voulant signaler leur
« joye, leur satisfaction et leur zèle au sujet du
« jour heureux auquel la ville de Cambray fut
« réunie à la domination françoise, ont délibéré
« d'en donner des témoignages publics le cinq
« avril prochain par des illuminations générales
« et un feu de joye et ont en conséquence chargé
« Messieurs les collecteurs de ne rien négliger de
« tout ce qui dépendra d'eux pour rendre la fête
« aussi solennelle qu'ils le pourront, s'en rapportant
« à cet égard à leur diligence et exactitude
« ordinaire ; le tout, sous le bon plaisir de
« M. l'intendant. Fait en pleine chambre en
« l'assemblée extraordinairement y tenue les
« jour, mois et an susdits » (1).

Ces réjouissances — il est bon de le dire —

(1) Archives communales. - Série AA : Fêtes ; et série BB : Délibérations.

avaient d'abord été projetées pour le 15 août époque de la fête patronale de la ville, mais pour ne point gêner les cérémonies religieuses de l'Assomption on avait, sur la demande de l'archevêque M. de Fleury, choisi le jour anniversaire de la capitulation de la ville.

De son côté, l'autorité ecclésiastique publiait le même jour que le Magistrat, l'avis que voici :

« Monseigneur l'archevêque après en avoir
« conféré avec Messieurs ses vénérables confrères les
« Prévôt, Doyen, Chanoines et Chapitre de son
« Eglise Métropolitaine, ordonne que Samedi
« prochain 5 avril, il sera chanté vers dix heures
« dans ladite église, une messe solennelle qui sera
« suivie d'un *Te Deum* en actions de grâces de
« ce que la ville de Cambrai et le Cambresis ont
« le bonheur d'être depuis cent ans sous la domi-
« nation du Roi. Tous les corps qui ont coutume
« d'assister à ces sortes de cérémonies y seront
« invités. Dans les autres églises de la ville on
« chantera un *Te Deum* en actions de grâces avec
« un salut du Saint-Sacrement, le Lundi 7 du même
« mois à l'issue des Vêpres. Nous recommandons à
« tous les fidèles de prier Dieu pour le Roi, la Reine
« et toute la Famille Royale.

« Cette cérémonie sera annoncée la veille, au soir,
« par le son de toutes les Cloches de la Ville, après
« que la Métropole en aura donné le signal.

« Donné à Cambrai, ce vingt-neuf mars mil
« sept cent soixante-dix-sept.

« PAR MONSEIGNEUR

« Sculfort. » (1).

La délibération du Magistrat était soumise à l'approbation de l'intendant, Sénac de Meilhan, qui répondait de Paris, où il se trouvait alors, le 2 avril :

« Je ne puis Messieurs qu'approuver la déférence
« que vous avez témoignée à M. l'Archevêque
« de Cambray en assignant au 5 de ce mois les fêtes
« que vous ne vous proposiez de donner qu'au 15
« d'août en signe de réjouissance du jour auquel
« la ville de Cambray est rentrée sous la domi-
« nation du roi et je suis persuadé que les personnes
« que vous avez chargées de l'exécution de ces fêtes
« répondront à vos vues pour ce qui concerne
« l'ordre, la décence et l'économie. » (2).

Cette dernière recommandation n'était point inutile, si l'on veut bien prendre garde que le déficit dans les finances communales qui était vers 1770 de 124,880 florins allait sans cesse s'augmentant (3).

On prit donc en suite de cette autorisation les dispositions nécessaires : la fête fut célébrée. Elle eut paraît-il un certain retentissement, car la *Gazette*

---

(1) Bibliothèque communale. — Manuscrit n° 1090

(2) Archives communales. — Fêtes etc.

(3) Voir *Charges et revenus de la Ville de Cambrai*, etc.

de France n° 31, du 18 avril, lui consacra l'article suivant :

« Le cinq de ce mois, d'après une ordonnance de
« l'Archevêque duc de Cambrai, il eut, dans l'église
« métropolitaine de la ville de ce nom, une messe
« solennelle et un Te Deum pour célébrer l'année
« centenaire de son retour sous la domination
« Française ; ces prières en action de graces avoient
« été annoncées la veille par le son de toutes les
« cloches. Le sieur Des Gaudières, Lieutenant de
« Roi et commandant de la Place, l'Etat-Major
« de la Ville, celui de la Citadelle, etc., etc., y assis-
« tèrent. Le soir, l'Archevêque s'étant rendu à
« l'Hôtel-de-Ville, fit exécuter un feu d'artifice
« dont la décoration principale était l'effigie en
« transparent de Louis XIV, au-dessus de laquelle
« étoit posé un médaillon avec cette exergue : *Urbs*
« *obsessa à Lud. XIV. redditur 5° Apr.* Au feu
« d'artifice succéda un feu de joye sur la place où
« le Peuple auquel on avait ouvert des fontaines de
« vin, fit retentir l'air des cris de *Vive le Roi.*
« Une illumination préparée sur la façade de l'Hôtel-
« de-Ville parut ensuite : un grand écusson des
« armes de France en transparent formait le centre
« de la décoration, et semblait posé sur un socle, au
« milieu duquel on lisait ces mots: *Plausu Cente-*
« *nario liliis gaudent Camerates.* Presque toutes
« les maisons de la ville ont été illuminées, quoi-
« qu'il n'y ait point eu d'ordonnances (1) de Police

---

(1) Il y avait eu mieux, on le verra plus loin.

« sur cet objet. Un arc de triomphe à trois arcades,
« de l'ordre Corinthien, exécuté sur les desseins (sic)
« et sous la conduite du sieur Barré, officier invalide,
« distinguoit la décoration illuminée du Palais
« Archiépiscopal ; on lisoit ces mots au-dessus de
« l'arcade principale : *Augurium posteris felicitas*
« *Centenaria*.

« Le 7, le Te Deum a été chanté après vêpres
« dans l'église de Saint-Géry, première collégiale
« du diocèse, ainsi que dans les paroisses et les
« autres Églises de la même ville. »

Cette description à peu près complète de la fête,
n'avait omis qu'une seule chose, peu intéressante
sans doute pour le correspondant de « l'officiel »
de 1777, reporter à qui l'administration communale
ne plaisait probablement pas : c'était de mentionner
ceux qui non seulement avaient été les *vrais* orga-
nisateurs de ces réjouissances et y avaient pris une
part active mais — point important — en avaient
acquitté la dépense : Messieurs du Magistrat. Et
voilà comme les journaux écrivaient l'histoire il y a
un siècle. — C'est peut-être bien encore quelquefois
ainsi aujourd'hui.

Cet article, il est facile de le comprendre, ne fut
point du goût de nos échevins, ils interprétèrent
le silence qu'on y gardait à leur égard comme une
sorte d'accusation d'avoir manqué de patriotisme en
cette circonstance. Le 20 avril la chambre s'en
émut : elle décida que l'article en suspicion serait

« communiqué au prévôt royal » pour qu'il eût à prendre ses conclusions.

Le lendemain, dans une seconde assemblée, ayant trouvé que la *Gazette* « outre qu'elle n'énonçait pas
« la vérité, tendoit aussi à ne laisser dans l'esprit du
« public que des impressions tout à fait contraires
« aux sentiments de zèle, d'amour et de reconnais-
« sance dont la chambre a toujours été pénétrée
« pour le meilleur des rois, » le Magistrat adopte les conclusions du prévôt, Lemaieur de Simencourt, demandant qu'il fût écrit « au ministre ou à
« l'intendant, au nom du corps, pour les supplier de
« permettre d'insérer dans la *Gazette de France*,
« le détail exact de la fête et destructif de l'article
« dont est question. » Il était en même temps
« unanimement délibéré » par les échevins que cette rectification « seroit inscrite dans leur registre pour
« en transmettre la mémoire à leurs successeurs. »

Le 23, copie de la délibération et de la réponse à la *Gazette* fut adressée à l'intendant. Celui-ci répondit de Paris toujours, le 27. Il n'avait pas jugé à propos d'appuyer la réclamation des Magistrats, il les renvoya à M. le comte de Saint-Germain près de qui ils ne furent pas plus heureux. Ils durent se borner alors à faire imprimer leur réplique (1) à un grand nombre d'exemplaires qu'ils répandirent à profusion. La voici transcrite sur l'original. On y

---

(1) Chez *Samuel Berthoud*, imprimeur du ROI, Place au Bois.

trouvera outre un échantillon de style qui a bien sa valeur, tout ce qui avait été omis par la *Gazette*, et l'on y verra que nos édiles avaient repris la chose d'un peu haut :

« *DÉLIBÉRATION prise par le corps du*
« Magistrat *de Cambrai, le 21 avril 1777.*

« Comme la *Gazette de France*, n° 31 du Vendredi
« 18 avril 1777, article de Paris, a fait mention
« des Réjouissances, qu'il y a eu à Cambrai le cinq
« de ce mois, à l'occasion de la centième année,
« depuis que cette Ville est rentrée sous la domina-
« tion du ROI, le Public n'a pu voir qu'avec surprise
« et indignation, que cette Fête y ait été annoncée
« (de la part sans doute de quelque secret ennemi
« de la Ville et de la Patrie) d'une manière à faire
« croire que le Corps du Magistrat n'y a eu aucune
« part, tandis que c'est lui seul qui en a prescrit
« l'exécution, et payé les frais, en vertu de l'auto-
« risation de M. l'Intendant de la Province. Mais,
« pour ne point laisser subsister le mensonge dans
« une feuille périodique, destinée à transmettre à
« la postérité la mémoire des évènements remar-
« quables, les officiers composans ledit Magistrat
« ont jugé nécessaire à leur honneur de désavouer
« l'Annonce telle qu'elle a été mise dans ladite
« *Gazette,* et de s'inscrire en faux contre ce qui n'y
« est pas conforme à la vérité ; en conséquence
« ils ont délibéré unanimement, d'annoter sur leurs
« registres la relation suivante, qu'ils veulent rendre

« publique, par tous les moyens possibles : Ouï
« et ce requérant le Prévôt Royal de cette Ville.

« Le 5 avril 1677 est l'époque mémorable de
« la réunion faite à la Couronne, de la ville de
« Cambrai, qui est le Berceau de la Monarchie,
« depuis que Clodion en eut chassé les Romains, en
« l'an 438. C'est dans cette ancienne cité que ce
« deuxième Roi des François établit le Siége capital
« de son Empire, dont elle fut séparée néanmoins
« par le fait, quelques siècles après, sans qu'aucun
« Monarque de France y ait jamais renoncé.

« Il étoit bien naturel, que les habitants de
« Cambrai fissent éclater leurs transports de joie
« à la révolution de la centième année, depuis
« que cette cité est heureusement rentrée sous la
« domination des anciens Maîtres.

« Le bonheur dont nous jouissons, exigeoit des
« actions de grâces au Tout-Puissant, aussi
« M. l'Archevêque, par son Billet du 29 Mars
« dernier, a-t-il ordonné que le cinq du présent mois
« d'Avril, il fût à ce sujet chanté dans son Eglise
« Métropolitaine une Messe solennelle, suivie d'un
« *Te Deum*, à laquelle Cérémonie tous les Corps
« qui ont coutume d'y assister, ont été invités, et
« dès la veille au soir elle fut annoncée par le son de
« toutes les cloches (1). Le Magistrat fit sonner
« ensuite, à neuf heures, celle qui appartient à la

(1) De la métropole qui donna le signal, au quart avant huit heures, à toutes les paroisses. (Manuscrit 1090).

« Ville ; et sur l'invitation de M. l'Archevêque et du
« Chapitre Métropolitain, il assista à cette Céré-
« monie, dans le chœur de la Métropole, en Corps et
« en robes ayant à sa tête M. Desgaudières,
« lieutenant pour le Roi.

« Les officiers municipaux se sont empressés à
« donner au Public les témoignages de la plus vive
« allégresse ; en conséquence il y a eu un beau Feu
« d'Artifice, parfaitement ordonné et qui a été
« exécuté le 5, vers les huit heures du soir, sur la
« grande Place, en face de l'Hôtel commun de la
« Ville. M. l'Archevêque fut invité d'y assister par
« Deux députés du Magistrat, et après cet artifice
« terminé, ce prélat, M. le Lieutenant de Roi, le
« Prévôt Royal et deux échevins, allèrent allumer
« le Feu de Joie qui étoit élevé dans le milieu de la
« même place, sur laquelle il se trouvoit une foule
« prodigieuse de personnes, qui, à l'envi les unes
« des autres, crioient de bon cœur *Vive le Roi*. Ceux
« qui avoient allumé le feu de joie étant rentrés
« dans une des Salles de l'Hôtel de Ville, il fut
« distribué de la part du Magistrat à toute la
« compagnie des raffraichissemens ; et on but à la
« santé de SA MAJESTÉ.

« Pendant ce temps-là, une magnifique Illumi-
« nation décoroit la façade de l'Hôtel de Ville ;
« des tonneaux de Vin couloient pour le Peuple
« qui manifestoit son contentement par tous les
« signes qui le caractérisent, et les canons de la

« Compagnie Bourgeoise des Canonniers faisoient
« plusieurs décharges.

« Le Magistrat avoit fait illuminer à ses frais, les
« maisons sur la Place, et des rues qui y aboutissent ;
« et comme il avoit fait annoncer la veille, à deux
« heures de relevée la fête du lendemain, dans tous
« les carrefours, par le Procureur d'Office, au bruit
« du tambour, chacun suivant ses facultés illumina
« les fenêtres de sa maison.

« M. le Lieutenant de Roi, ainsi que tous les
« Membres du Magistrat ont eu des feux de joie
« devant leurs portes ; et à neuf heures du soir,
« ce Corps fit servir dans la grande salle ordinaire,
« un souper splendide, auquel M. le Commandant
« de la Place et plusieurs personnes de distinction
« assistèrent ; [on y but de nouveau à la santé
« du ROI,] (1) avec la plus charmante gayeté. La
« nuit il y eut au Théâtre un Bal public qui fut
« très-nombreux.

« Le tout a été fait, exécuté et payé avec les
« deniers publics, et en vertu de l'autorisation de
« M. l'Intendant de la Province ; et quoique ce
« jour là fut destiné au travail, il a été chommé par
« tous les ouvriers [et les boutiques n'ont pas été
« ouvertes] (2) parce que tous les habitants ont pris
« part aux réjouissances publiques.

(1) Les mots entre [ ] ont été supprimés à l'impression.
(2) Même observation.

« Il reste à observer que M. l'Archevêque en
« particulier a fait tout au mieux, décorer et
« illuminer son palais, les Chanoines et les Abbayes
« de la ville se sont aussi beaucoup distingués.

« C'est ainsi que s'est passée cette fête donnée
« à l'occasion d'un évènement si mémorable ; et le
« Magistrat, qui représente les Citoyens de cette
« Ville, se croit obligé de transmettre à la postérité
« la plus reculée, les témoignages certains de ses
« sentimens, de son zèle et de son amour pour le
« meilleur des Rois, sous le gouvernement duquel
« nous avons le bonheur de vivre, afin que nos
« descendans d'âge en âge, continuent perpétuel-
« lement dans le service fidèle qu'ils doivent à
« SA MAJESTÉ, et dont leurs ancêtres ont donné
« dans tous les temps l'exemple le plus signalé.

« Fait en pleine Chambre le vingt-un Avril
« mil sept cent soixante-dix-sept.

« Par ordonnance,

« Dechièvre » (1).

Nos magistrats, on le voit n'ignoraient point l'art de « faire d'une pierre deux coups. »

Il n'est pas maintenant sans intérêt pour compléter ce tableau de mœurs d'y joindre quelques indications qui ne pouvaient prendre place dans la protestation ; elles nous initieront aux us et coutumes suivis en semblable circonstance.

(1) Archives etc.

La cloche de la ville avait annoncé le 4 au soir la fête du lendemain et le 5 à dix heures la messe et le *Te Deum*. Le Magistrat s'y était transporté en corps, entouré de ses sergents — ils étaient alors six — portant « la barre, » sorte de barrière formant comme une enceinte mobile dans laquelle marchaient le prévôt, les échevins, le procureur syndic, les deux conseillers pensionnaires, les deux collecteurs, le receveur, le médecin, en tout vingt-quatre personnes vêtues « des grands draps. » (1) Dans le chœur de l'église ils se placèrent sur des banquettes rangées devant l'autel et derrière le fauteuil occupé par le lieutenant de roi qui s'était rendu directement à Notre-Dame.

Dans l'après-midi, à la bretèque, coulèrent deux pièces de vin. Chacun pouvait en espérer sa part, pourvu qu'il eût les coudes assez solides pour percer

---

(1) Le corps du Magistrat se composait à cette date de MM. Lemayeur de Simencourt, prévôt royal ; Bruneau et de Gillaboz, conseillers pensionnaires ; Lallier, Lussiez, Frémin, Clowez (licenciés en droit), Lefebvre (avocat), de Francqueville de Chanteinelle, Cotteau, d'Henault de Francqueville d'Abancourt, Caudron, Doutart et Coullemont, échevins (12); Dechievre et Douay greffiers ; Clauwez et Boileux collecteurs ; Thobois, procureur syndic ; et Courtin médecin pensionnaire attaché au corps du Magistrat. (Compte de 1776-1777, f. 13 v.)

Le Magistrat fut renouvelé cette année 1777, le 14 juillet. (Bibliothèque communale. — Manuscrit n° 1057).

Dès 1725, la charge de prévôt était devenue vénale ; Nicolas Pingard qui en était titulaire, la vendit, en conservant la jouissance jusqu'à sa mort (1733), à M. Charles-Jean-Baptiste Lemayeur de Simencourt qui l'occupa jusqu'en 1766 et la transmit à son fils, Charles-François-Joseph (en gardant le titre de prévôt vétéran). Ce dernier la céda en 1786 à M. Auguste-François-Joseph Bouchelet, seigneur de Neuville, qui l'occupa jusqu'à la Révolution. — *Documents inédits pour servir à l'histoire de Cambrai*, etc.

12

le flot populaire défendant l'approche de ces « Léthés » sentant le Suresnes et qui avaient coûté au total 128 florins. — Triste réjouissance au demeurant.

A l'heure du feu d'artifice dont la cloche municipale donna aussi le signal, M. le prévôt et l'un des deux échevins de semaine, avec deux sergents armés de leurs hallebardes, avaient été chercher l'archevêque pour le conduire à l'Hôtel de ville. Le spectacle pyrotechnique était l'œuvre d'un Cambresien, Hudry, il coûta 211 florins, plus 10 florins 12 patars pour les bois de la charpente.

« L'artifice joué, » l'archevêque conduit par le prévôt encore, les deux échevins semainiers, le lieutenant de roi, le major, et quatre sergents du Magistrat, ceux-ci portant chacun une torche ardente, se rendirent au feu de joie. Il mesurait 42 pieds de haut, 16 de large à la base, comptait huit étages, bordés de balustrades et et était terminé par un tonneau surmonté d'une gigantesque bannière de fer blanc aux armes de France. Balustrades et tonneaux étaient peints en bleu et les derniers semés de fleurs de lis sans nombre, de couleur jaune. Cette immense pyramide avait coûté plus de 300 livres. Une torche fut offerte au prélat, une seconde au lieutenant de roi, le prévôt prit la troisième et l'un des échevins la dernière. La flamme brilla de quatre côtés à la fois.

Trente-deux autres feux plus petits, de 8 pieds de hauteur, brûlèrent en même temps devant les portes des autorités militaires, des échevins, etc.

Bientôt, toute la façade de l'Hôtel de Ville resplendit sous l'éclat fumeux d'un millier de lampions à l'huile et au suif, de transparents et d'inscriptions lumineuses allégoriques ou laudatives. A la bretèque étaient les armes royales tout en feu ; et « 426 livres de chandeille » avaient été distribuées aux maisons de la Grand'Place, pour concourir à l'effet général. L'archevêché, les habitations des chanoines, les abbayes étaient également éclairés brillamment. Les transparents et les bannières armoriées avaient été peints par Duchâteau ; il y en avait pour 158 florins 8 patars.

Après le feu, le souper avait eu lieu dans la salle du consistoire construite dix ans auparavant (1) ; il avait coûté « compris le vin bu peu avant, à la santé du Roi, » 279 florins 13 patars.

Enfin, la fête s'était terminée par le bal donné au théâtre. (Plan n° II, 15). La salle de spectacle était alors rue Scachebeuvons et contiguë au couvent des filles de Saint-Antoine de Padoue dites aussi les Badariennes, du nom de leur fon-

---

(1) Voir la note 1 de la page 122.

L'inauguration du nouveau consistoire, où l'on avait, mis alors le portrait du roi, avait eu lieu le 15 février 1768. — Procès-verbal. Manuscrit 1080 de la bibliothèque, folio 230.

datrice Françoise Badar de Valenciennes. Cette salle appartenait par tiers à M⁰ François Goury procureur « au siége de Cambrai, » à son beau-frère et à sa belle-sœur Antoine et Claire Lefebvre. Elle avait été appropriée dans la maison de feu madame de Francqueville d'Abancourt, et inaugurée le 15 août 1773 (1).

Un article du compte de 1777-1778, « chapitre 8, frais extraordinaires » folio 18, verso, nous servira à clore ces détails ; il est ainsi conçu :

« A Adrien Lepesse (concierge des provisions)
« a été payé par ordonnance, la somme de mil
« huit cens quarante-cinq florins, un patar, à
« laquelle a monté la dépense faite au sujet des
« réjouissances qu'il y a eu en Cambray le 5
« avril 1777, à l'occasion de la centième année à
« pareille époque depuis que cette ville est rentrée
« sous la domination du Roy. »

La mention de ce qui a été fait en 1877, pour le second centenaire de la réunion de Cambrai et du Cambresis à la France, trouve naturellement sa place ici.

L'administration municipale, malgré l'exiguité de

---

(1) Archives communales série DD. — Théâtres.

Voir pour tous les autres détails les documents cités plus haut : Fêtes — Délibérations.

ses ressources financières (1), déférant au vœu général de la population, avait été amenée à décider, après plusieurs discussions contradictoires, qu'une fête serait célébrée à cette occasion, le 8 avril, dimanche de Quasimodo, le plus près du jour anniversaire de la capitulation. La reconstruction de l'hôtel de ville venait d'être terminée ; en même temps qu'on rappellerait le retour deux fois séculaire de la cité à la mère patrie, le Conseil municipal résolut d'inaugurer solennellement le nouvel édifice pour donner réciproquement plus d'éclat aux deux manifestations et en rendre l'exécution moins dispendieuse.

Un programme fut alors rédigé ; s'inspirant de celui de 1777, il était conçu ainsi :

« *Fête du deuxième centenaire de la Réunion du*
« *Cambrésis à la France, et Inauguration de l'Hôtel*
« *de Ville, le Dimanche 8 Avril 1877.*

« *Nous,* Maire de la Ville de Cambrai,

« Vu les délibérations du Conseil municipal, des
« 20 février et 2 mars courant, dûment approuvées ;

« Après nous être concerté avec M. le Général

---

(1) La reconstruction de l'hôtel de ville sur un plan et dans des conditions de luxe et de confort, peut-être hors de proportion avec les ressources ordinaires de la cité, a mis pour plusieurs années l'Administration municipale, quelle qu'elle soit, dans la nécessité d'apporter plus que de l'économie dans sa gestion financière.

C'est sur la proposition de M. Cirier et en ajournant des travaux d'appropriation reconnus indispensables, que 2,500 francs ont été votés pour faire face aux dépenses des fêtes, somme insuffisante, ces dépenses ayant été de 4,000 francs.

« commandant les 3° et 4° subdivisions de la
« 1ʳᵉ région ;

« Avons arrêté les dispositions suivantes :

« La fête du 2ᵉ centenaire de la réunion du Cambrésis à la France, sera célébrée le 8 avril prochain.

« Le signal des réjouissances sera donné à huit
« heures du matin, par la cloche du beffroi et le
« carillon de la ville.

« Les édifices publics et les maisons particulières
« seront pavoisés du drapeau national.

« A onze heures du matin, *Grande Revue*, sur la Place d'Armes, des troupes de la garnison et des
« sapeurs-pompiers municipaux. A l'issue de la
« revue, *Concert* par la musique du 1ᵉʳ régiment
« d'infanterie.

« A deux heures de relevée, *Tirs à la Cible*,
« offerts aux militaires et aux sapeurs-pompiers.
« (Les emplacements des tirs seront désignés par
« M. le Commandant de la place.) Prix pour chaque
« corps : Premier, une montre en argent à remontoir
« et sa chaîne; deuxième, un couvert d'argent;
« troisième, une pipe en écume.

« A trois heures de relevée, *Représentation*
« *gratuite*, à la salle de spectacle (1).

---

(1) On joua devant une salle comble, *Marie-Jeanne*, drame en 5 actes de MM. Maillan et Dennery.

« A quatre heures, *Concert*, par la musique
« municipale, au kiosque des jardins publics.

« Vers six heures, *Distribution des prix*, par
« la municipalité, aux vainqueurs des tirs à
« la cible.

« A huit heures précises, du soir, sur la Place
« d'Armes, *Feu d'artifice*, composé et tiré par
« M. Ruggieri, artificier du gouvernement et de la
« ville de Paris. Le dernier coup de feu représentera
« la façade du *nouvel hôtel de ville*.

« Immédiatement après le feu, *Bal public*, sur
« l'esplanade, et *Illumination* des promenades.

« Vers neuf heures, *Grand Bal*, par souscription
« dans la salle des fêtes de l'hôtel de ville (1).

« A la chute du jour les édifices communaux
« seront illuminés. Les habitants sont priés d'illu-
« miner aussi et au même moment, la façade de leurs
« maisons.

« L'illumination de l'hôtel de ville et des maisons
« de la Grand'Place ne devra commencer qu'après
« le feu d'artifice.

« L'administration du Bureau de Bienfaisance, a
« décidé qu'en raison de la circonstance, des

---

(1) 5 francs pour une seule personne et 10 francs pour une famille.

« *distributions extraordinaires en nature*, seront
« faites aux indigents (1).

« En l'hôtel de ville, à Cambrai le 14 mars 1877.

H. WIART-PINQUET (maire).

— « Les *salons de l'hôtel de ville* pourront être
visités les trois dimanches qui suivront celui de la
« fête, de onze heures du matin à cinq heures du
« soir. Des billets seront délivrés au secrétariat de
« la mairie à toutes les personnes qui en feront la
« demande.

« *Chemins de fer.* — Les compagnies de chemin
« de fer ont bien voulu, à l'occasion de la fête
« patriotique, organiser à Cambrai, des trains
« supplémentaires de nuit.

« A la gare du *Nord*. — Un train se dirigeant
« sur Saint-Quentin, partira à minuit 3 minutes.
« — Un autre train allant jusqu'à Douai, partira
« à minuit 50 minutes.

« A la gare de *Picardie et Flandres*. — Un train
« sera organisé à 11 heures 30 minutes et arrivera à
« Péronne à 1 heure 10 minutes du matin.

« Ces trois trains desserviront toutes les stations
« intermédiaires. »

(1) Chaque famille reçut du charbon, du pain et de la viande en quantité proportionnée au nombre de ses membres. Ces distributions coûtèrent au bureau de bienfaisance : pain, 536,30 ; viande, 650,25 ; charbon, 905 ; total : 2,091 fr. 55 c.

— C'est, quant à présent, dans la presse locale qu'il faut chercher l'impression qu'ont laissée ces réjouissances encore trop près de nous pour être du domaine propre de l'histoire. Nous devons nous borner à constater avec nos journaux de couleurs et de tons si différents, que le modeste programme a tenu toutes ses promesses avec l'aide d'un beau temps, qu'un très-grand nombre d'étrangers s'étaient rendus à Cambrai pour la circonstance et que tout s'est accompli à la satisfaction générale.

« *Historiæ finis.* »

CHANSONS & POÉSIES

SUR LA PRISE DE CAMBRAI

La prise de Cambrai par Louis XIV a, comme la plupart des événements importants, excité la verve des *poëtes* populaires. Nous avons pu recueillir sur ce sujet, les pièces suivantes qui n'ont aujourd'hui d'autre mérite — est-il besoin de le faire remarquer — que leur intérêt historique tout secondaire, et plus encore leur rareté.

La première, empruntée à la collection de M. V. Delattre, est multiple; il y est question successivement de « la réduction de Cambray » et de « la déroute du prince d'Orange, » suivies de « la liste des morts et blessez au siége de Valenciennes » et « au siége de Cambray, » le tout ainsi disposé. Elle est imprimée sans nom d'auteur ni de lieu, ni date, en façon de « canard, » recto et verso, à trois colonnes, sur demi-feuille de mauvais papier. En tête, et tenant toute la justification, se trouve une vignette sur bois, carrée, bien dessinée et largement taillée, mais mal tirée. Elle représente, à droite du spectateur, un maréchal de France, armé de toutes pièces, son bâton de commandement à la main. Il est monté sur un cheval qui se cabre et marche vers la gauche. Derrière lui sont deux autres cavaliers et au fond des tentes. De l'autre côté apparaît au lointain une portion de ville fortifiée sur le rempart de laquelle un canon fait feu. En avant un gros de fantassins forment le carré ; plus près, autres soldats chevauchant le mousquet au poing, — style Vander Meulen.

Pour ne pas grossir inutilement ces notes, nous ne donnerons que ce qui a rapport directement à notre sujet.

LA PRISE ET RÉDUCTION

DE LA VILLE ET CITADELLE

DE CAMBRAY

Par l'armée du Roy commandée par Sa Majesté.

> Cambray te voilà donc renduë
> Quoyque tu te sois deffenduë
> Toy et ta forte garnison,
> Le puissant Monarque de France
> En dépit de ton arrogance
> T'a bien réduit à la raison.

Après avoir pris Valenciennes,
Ce grand Roy par ses justes peines
Commanda à ses généraux
Et autres officiers de marque
Cambray, de te donner l'attaque
Et de faire ouvrir les travaux.

Le Roy nostre souverain Maistre,
Cambray pour mieux te reconnoistre
Fut luy-mesme d'un soin parfait
Faire la ronde de la ville,
Sans craindre ta force subtille,
Iusqu'à la portée du mousquet.

Enfin Sa Majesté Chrestienne
Ordonna d'une ardeur extrême
A la contrevallation,
D'y travailler en dilligence
Comme une œuvre de conséquence
Digne de sa prétention.

Les paysans de Picardie
Furent d'une adresse hardie
Comme des adroits champions
Dans les travaux les plus insignes,
Commencèrent d'ouvrir les lignes
De la circonvallation.

Nostre grand Roy estoit en teste
Et de Luxembourg à sa droite,
Le maréchal de Lorge aussi
Y estoit de mesme à sa gauche :
Homme qui point ne se débauche
Et qui ne craint pas le soucy.

Le maréchal de Schomberg mesme
Remply d'une valeur extrême

Dedans les plus sanglants assauts,
Estoit au-delà la rivière
Qu'on appelle de la manière
Dedans ce pays-là, l'Escaut.

C'est tous ces généreux Gens d'armes
Qui par les efforts de leurs armes,
Bombes, carcasses et canons,
Pétards, mousquets, aussi grenades
Vous ont donné la bonne aubade
Et fait gagner à reculons.

Cambray ta forte citadelle
Et ta garnison très-rebelle,
N'ont empêché aucunement
La force du grand Roy de France
Pour te mettre à l'obeyssance
De ses justes commandements.

Tu t'es bien autrefois vantée,
Par ta parole rapportée,
Que s'il vouloit, nostre grand Roy,
Avoir un Cambray dans la France
Il luy falloit en dilligence
Faire faire un autre que toy.

Cambray tu voy bien par ton dire
Qu'à présent tu ne peux pas rire,
Car nostre Monarque Loüis
T'a renduë à présent des nostres
Sans en avoir fait faire d'autre,
Dit que ses faits sont innoüys.

Tous les Picards crient sans cesse
Remplis de joye et d'allégresse
En te voyant Cambray à nous;
Ils bénissent le Roy de gloire
De ce qu'il donne la victoire
A nostre Monarque partout.

>   Saint-Omer te voila rendüe
>   Quoyque tu te sois deffendüe
>   Contre Monsieur, frère du Roy,
>   Il a fallu que tu y viennes
>   Comme Cambray et Valenciennes,
>   Mons à présent prends garde à toy! (1).

— Ici se place « *la déroute du prince d'Orange par Monseigneur le duc d'Orléans,* » en dix octaves, puis « *la liste des morts et blessez au siège de Valenciennes,* » en treize strophes également de huit vers; vient alors :

« La liste des morts et blessez au siége de Cambray (2).

« Ce grand capitaine la Charmoise fut tué, le marquis de Fresnel y a reçu le coup mortel.

« Malzac, Decars, ont été blessez.

« Pareillement Bochart, de Tival, Beaudésir et Courgeon.

« De Rouville, Peuche et Desarmoy, blessez; Ce brave de la Hoguette y a trouvé la Parque muette (3). Desforges, Granpré et Valcroissant, blessez.

---

(1) Cette ville ne fut néanmoins prise qu'en 1691.

(2) Ici, la muse du *poète* qui a déjà éprouvé quelques défaillances, on a pu s'en apercevoir, est tout à fait fourbue; et l'auteur continue en simple et vulgaire prose un récit épique où çà et là quelques assonances révèlent un désir de rimer désormais vain et impuissant.

(3) Il avait été récompensé après le siège de Valenciennes où il s'était distingué.

« Le 17 avril les Ennemis demandèrent à capituler, il leur fut accordé qu'ils sortiroient de la place avec deux Canons, deux Mortiers et quatre chariots couverts et sortiroient par la bréche sans pouvoir allumer leur mèche, et seroient conduits dans la ville de Bruxelles. »

CANTIQUE

Pour remercier Dieu de la reddition de Cambray, arrivée la veille de Pasques de l'année 1677.

Sur le Chant : *O FILII ET FILIÆ*

Par CLAUDE ROHAULT.

Claude Rohault, frère du philosophe et mathématicien Jacques Rohault, était religieux profès de l'abbaye de Selicourt, ordre de Prémontré, au diocèse d'Amiens, et curé de Holnon, près Saint-Quentin, en 1657. Il a composé un grand nombre de poésies religieuses dont un recueil avait déjà été imprimé par ses soins, à Paris en 1674. Ses chants d'une médiocre valeur poétique ont parfois un intérêt d'histoire locale, témoin celui que nous reproduisons.

« Ce cantique sur la reddition de Cambray,
« que j'ai composé, — dit l'auteur — a esté publié
« avec approbation à Saint-Quentin, chez Claude
« Lequeux et ensuite à Paris, à Rouen, à Amiens
« et en plusieurs autres villes du royaume, où il a
« esté bien receu de chacun, notamment de Monsei-

« gneur l'archevêque et de M. le Gouverneur de
« Cambray, de Messeigneurs les évêques de Noyon,
« de Soissons et d'Amiens, de M. de Breteuil
« intendant de Picardie, qui l'a présenté à M. de
« Louvois, lequel a assuré qu'il le feroit voir au Roy ;
« enfin il a esté bien receu de tous les bons françois
« qui n'ont pas eu de plus agréable cantique sur
« cette reddition que celui de l'alleluia (1). »

— On ne sauroit faire plus naïvement son propre éloge.

Nous avons vu deux exemplaires — deux éditions différentes — de ce « cantique » nous les avons complétés l'un par l'autre :

   Filles et fils, soyez joyeux :
   Nostre monarque glorieux
   Est de Cambray victorieux.
     Alleluia.

   Le vingt-deuxiesme de mars
   Il l'investit de toutes parts
   Pour y planter ses étendarts.

   Plus de dix mille paysans
   Y coururent en mesme tems
   Avec ordre des intendans.

---

(1) Extrait des registres de l'état civil de la commune d'Holnon, communiqué par M. Mathon archiviste de l'Aisne, à M. V. Delattre qui l'a publié dans son travail : *Epigraphie Cambresienne* Bulletin de la *Commission historique* du département du Nord, tome IXe).

Notices historiques sur le canton de Vermand,—Holnon, par Georges Lecocq.

Claude Rohault est aussi l'auteur d'une *Vie de Saint-Quentin*.

Ils furent par nostre vainqueur
Beaucoup prisez pour leur vigueur
Aux lignes travaillant de cœur.

La tranchée ensuite on ouvrit
Où chacun soi-mesme s'offrit (1)
Ce qui les assiégez surprit.

Nostre canon de tout costé
Estant adroitement pointé,
En huit jours força la cite.

La citadelle crut alors
Pouvoir tenir par ses efforts
Mais ceux du Roy furent plus forts.

Le dixseptiesme jour d'apvril
Les cous tombans comme grésil
Il la prit malgré le péril.

Celle qui donnoit tant d'effrois
Fut réduite aux derniers abois
Par le plus auguste des roys.

Tous nos soldats presque d'un saut,
S'en aloient monter à l'assaut
Pour la réduire comme il faut.

Le gouverneur sans hésiter
Se pressa de parlementer :
Puis la place on lui vit quitter.

Nostre grand Roy le lendemain,
S'y transporta sur le matin
Pour rendre grâce au Souverain.

—

(1) Ou : « Où chacun volontairement s'offrit. »

Adieu la contribution (1)
Cette heureuse reddition
Nous délivre d'affliction.

Chacun jouira de son bien,
Le fermier n'en retiendra rien
Et se contentera du sien.

La justice y verra régner,
Tous les gens de bien y gagner
Et tous les méchants s'éloigner.

La campagne en profitera,
Le bourgeois s'y délectera,
Le laboureur y chantera.

Les brebis s'y rassembleront
Les pasteurs les y garderont
Leurs maistres les visiteront.

La Tiérache, le Vermandois,
Le Santerre et mesme l'Artois
N'ont plus à craindre ceste fois.

Cette impériale cité (2)
Qui faisoit leur mendicité,
Causera leur félicité.

Elle mesme a déjà l'honneur
D'avoir Cezan pour gouverneur,
De qui viendra tout son bonheur.

Elle n'aura plus d'ennemys,
Tous ses voisins sont ses amis
Puisqu'à la France ils sont soubmis.

---

(1) Celle que les Espagnols levaient sur les Français ; ne pas oublier que c'est un Picard qui parle.

(2) On n'a pas oublié que Cambrai fut à l'Empire. — voir la note précédente.

Son archeuesque y reviendra,
Au Roy son hommage il fera (1),
A nos prélats il se joindra.

Pour des succez si merveilleux
Chantons des chants mélodieux
En bénissant le Roy des cieux.

Remercions-le constamment
Et prions-le très-humblement (2)
Pour que le Roy vive longtems.
Alleluia. (3)

Aux auteurs de ces productions rimées mais non poétiques, il faut ajouter le nom d'un vrai poëte célèbre dans un autre genre où il est resté inimitable : Jean la Fontaine. Lui aussi sacrifia à la flatterie et fournit un jour sa pierre au monument d'adulation élevé de toutes parts à la gloire du « grand Roy. » Voici dans quelle circonstance :

Le premier commis du marquis de Louvois « Du Fresnoy, à qui Voltaire a donné une espèce « de célébrité dans son *Candide* (4), » possédait

---

(1) Ou : « Au Roy honneur il rendra. »

Ce vers semble indiquer que Claude Rohault n'avait point perdu de temps et rimait son « cantique » avant le 22 avril, jour où l'archevêque de Brias prêta serment de fidélité à Louis XIV. (Voir ci-dessus, page 109.)

(2) Ou : Remercions-le incessamment
   « Et prions-le humblement. »

(3) Ce « cantique » a été également publié dans nos *Chants et Chansons populaires du Cambresis* (2ᵉ partie, page 114).

(4) Le Glay. — *Galerie historique des conquêtes de Louis XIV*, par J. La Fontaine et le baron de Vuoerden. (Mémoires de la *Société d'Emulation* de Cambrai, tome XIVᵉ, page 337.)

à Glatigny, près Pontoise, une belle maison de campagne. Il y fit construire une galerie historique où l'on représenta, en une suite de tableaux peints, les principales conquêtes de Louis XIV. Il en avait eu la première idée en 1679 et l'avait communiquée à son « amy particulier » le baron de Vuoerden, « très versé dans les lettres latines, » en lui demandant pour chaque peinture, une sorte de légende tout à la fois laudative et explicative en style lapidaire. Vuoerden composa sous ce titre « *La Galerie des conquestes et des victoires du Roy* » (1), vingt pièces que du Fresnoy pria la Fontaine, aussi son ami, d'interpréter librement « en vers françois. » C'est ce qu'indiquent les notes suivantes accompagnant le recueil manuscrit de ces inscriptions latines, de la main même du poëte et telles qu'il les avait d'abord conçues :

« M. du Fresnoy a fait poser les vingt inscriptions
« suivantes dans la galerie de sa belle maison de
« Glatigny à deux lieues de St-Germain ; elles sont
« transcrites en latin d'un côté de la galerie et
« traduittes en vers de l'autre, par le fameux M. de
« Lafontaine, de l'Académie françoise, celuy qui
« a traduit les fables d'Esope et enchéri sur Esope
« même (2). »

Le baron n'avait pu achever son œuvre qu'en 1694, un an avant la mort du fabuliste ; sur les

---

(1) Manuscrit n° 687 de la bibliothèque communale, cité page 145.
(2) Voir la note précédente.

vingt pièces demandées celui-ci n'eut le temps d'en composer que seize. Voici pour Cambrai, et l'inscription de M. de Vuoerden telle qu'elle a été imprimée au *Journal Historique* (1), et celle de la Fontaine, qui fait songer à ce vers devenu aussi célèbre que son auteur :

« Ne forçons point notre talent... »

« Le bonhomme » malgré son *Ode* (2) et ses dédicaces, n'était pas né courtisan.

XII

Fama qua ipsa bella constant
Invictum ac terrens eatenus
Steterat *Cameracum*,
Bis olim obsessum, bis obsidione liberatum;
Hæc Hispanorum munita in urbe belli,
Inclyta in arce Palladii sedes,
Qua sospite provincias servari Belgicas,
Invadi Gallias posse speraverant,
A LUDOVICO MAGNO impetita est :
Sextitudo tanti nominis civitas regi permissa :
Mox impigre præparatis animis,
Jugulatis publico consilio equis,
Quater mille defensores
Arcem strenue propugnaturi insedere :
Dies XIII ignea et tormentaria oppugnatio tenuit;
Petrus Savalius, Hispanus, urbis præfectus,
Per diruti subrutique muri ruinas suos eduxit (3).

---

(1) « Soit mémoire, dit encore M. de Vuoerden — qu'il faut voir cette « pièce et toutes les suivantes corrigées, au « Journal Historique, » c'est à « quoi je me réfère. » (Id. pages 12 et 15).

(2) Sur les victoires de la guerre des Flandres, qu'il adressa en 1683, alors qu'il venait d'être nommé de l'Académie, au roi Louis XIV.

(3) Outre cette version donnée par le « *Journal Historique* » et publiée par M. Le Glay (voir la note de la page 200), on en trouve deux autres dans les

Prise de Cambray.

Cambray portoit son nom aux terres inconnues ;
Ses plus fiers ennemis n'osoient s'en approcher ;
Ils passoient ; et ce lieu plus ferme qu'un rocher,
Gardoit un air tranquille, et menaçoit les nues ;
Qu'ont servi ses châteaux, ni leurs cimes chenues ?
Ce rempart s'est soumis : c'étoit le seul recours
    Que l'Ibère opposât au cours
D'un torrent qui sans doute eust emporté le reste.
La paix a suspendu ces rapides efforts
Flandres, ton sort dépend d'un conquérant modeste
    Et non des ligues et des forts (1).

Dans une farde d'archives communales — pièces diverses sans importance, complétement rongées par l'humidité, nous avons rencontré les quatrains suivants, à peine lisibles. Ils ont été selon toute probabilité écrits de la main même de l'auteur, car ils se trouvaient chargés de ratures nombreuses et modifiés de différentes façons. Nous avons transcrit, autant que l'état du papier et l'encre décolorée nous l'ont permis, les vers qui pouvaient offrir un sens. Ils sont sans doute inédits — qui eût osé les publier alors !

---

manuscrits du baron ; l'une datam de 1679 se voit au folio 80, verso, du n° 685, vol. de 1679 ; l'autre est à la page 15 du n° 687. — Bibliothèque communale.

On lit également dans ces recueils, de curieux détails sur la galerie de du Fresnoy (premier n° cité, folio 50, etc).

(1) Manuscrits du baron de Vuoerden. — Bibliothèque communale, n° 685, volume de 1696 à 1698, folio 169, avec lettres de Dufresnoy, folio 161.

Hier Cambray criois vive Espagne,
Aujourd'hui crye vive Louis ;
L'un plus que l'aultre n'est Cocagne :
C'est plus Enfer que Paradis.

Hier Zaval étoit pour Espagne,
Aujourd'hui Cezen pour Louis ;
L'un t'a perdu l'aultre te gagne :
C'est plus Enfer que Paradis.

Hier obeïssois à Espagne,
Aujourd'hui c'est au roy Louis ;
L'un autant que l'aultre te hargne (1) :
C'est plus Enfer que Paradis.

Hier tu te battois pour Espagne,
Aujourd'hui te bas pour Louis ;
L'un comme l'aultre ne t'épargne :
C'est plus Enfer que Paradis.

Hier on te pilloit pour Espagne,
Aujourd'hui te pille Louis :
Cambray, ruyne est ta compagne :
C'est plus Enfer que Paradis.

La célébration du second centenaire a inspiré à un cambresien la pièce suivante, animée d'un souffle patriotique, et qui mérite d'être conservée. Elle a été publiée dans le journal *le Libéral* de Cambrai, le 8 avril 1877.

(1) Te querelle.

CAMBRAI A LA FRANCE

(8 Avril 1877. Deuxième centenaire de l'annexion.)

Depuis que les Nerviens, mes pères redoutables,
Dans leurs marais profonds, leurs bois inextricables,
Vaincus par la tactique et le nombre et la faim,
Aux préfets de César se rendirent enfin,

France avant de pouvoir m'abriter sous ton aile.
En te vouant mon sang et mon âme, en retour,
J'ai longtemps attendu, fiévreuse sentinelle,
Et j'ai vu sur mon font planer aigle et vautour.

De Rome, dans le Nord, dernière colonie
Et dernier boulevard, j'ai vu ses vétérans,
Abandonnés, sachant l'Empire à l'agonie,
Tomber, sombres mais fiers, sous la hache des Francs.

De Clodion vainqueur je fus la capitale.
J'ai de deux royautés protégé le berceau :
La seconde périt dans la lutte inégale
Entre un fou, Ranacaire, et Clovis, un bourreau.

Comtes, ducs, empereurs aux âpres convoitises
Cent fois m'ont assaillie et cent fois j'ai lutté,
Faisant même aux plus forts respecter mes franchises,
Et ne leur accordant que ma neutralité.

Comme l'arbre, ébranché par les trombes sauvages,
Sous de jeunes bourgeons déguise leurs ravages
Et, loin de raconter les assauts de l'Hiver,
Pour sourire au Printemps, se fait encor plus vert,

J'ai tant de fois lavé ma sanglante tunique,
Rebâti mes foyers, mes temples, mes remparts,
Que mon aspect moderne étonne les regards
Du voyageur, en vain cherchant la ville antique.

Mais que mes vieux drapeaux sommeillent repliés
Et que seul désormais le tien flotte à ma porte!
O France, à tes destins mes destins sont liés ;
Le même souffle vers l'avenir nous emporte!

Centenaire béni d'un mémorable jour
Où le vaincu triomphe, où l'assaut devient fête!
Ah! ce qui pour jamais assure ta conquête,
Plus que le temps, plus que les armes, c'est l'amour.

Jamais une cité par la France absorbée,
Quels que furent jadis son rang et sa splendeur,
Même en des jours de deuil, d'épreuve et de malheur,
Ne se dira : Je suis amoindrie et tombée.

Car elle va grossir le faisceau de rayons
Partant de ton foyer pour féconder le monde,
Et qui, s'il s'éteignait, dans une nuit profonde
Laisserait pour longtemps les autres nations.

Associée à ton génie, à ta carrière,
Sans trouble elle peut voir les épreuves venir ;
Car si tu fais, parfois, quelques pas en arrière,
C'est pour prendre un élan plus fort vers l'avenir.

Aussi, ma noble France, espère! Et moins de larmes,
En songeant au destin de celles de mes sœurs
Qu'on sépara de toi par la ruse et les armes ;
Plains même, par moments, leurs nouveaux possesseurs.

Ils ont ravi le corps, mais l'âme tout entière
T'est restée! Oui, l'on peut déplacer la frontière,
Remanier la carte, agrandir des Etats...
Mais de l'âme d'un peuple on ne dispose pas.

Ta blessure sera depuis longtemps fermée,
Quand pour moi ce beau jour, de nouveau, brillera ;
Et pour chanter ta gloire, ô France bien-aimée,
Aucune de mes sœurs alors ne manquera.

Léon MARC.

MÉTALLIQUE DE LA PRISE DE CAMBRAI

Par Louis XIV

Après l'histoire écrite, en dehors des récits divers qui furent faits de la prise de Cambrai par Louis XIV, la poésie n'a pas été seule à rappeler cet important événement politique, la numismatique en consacra également le souvenir d'une façon plus matérielle mais plus durable, par des médailles de types différents. Toutes ont été décrites avec précision, par M. l'intendant général Ch. Robert, dans son magnifique ouvrage : « *Numismatique de Cambrai,* » publié en 1861.

Il y aurait, de notre part, plus que de l'imprudence à essayer de refaire après ce savant numismate et historien, l'étude de ces monuments métalliques commémoratifs; nous nous bornerons à résumer ce qu'il en a dit (1). Nous rappellerons en même temps, comme il l'a fait avec une spontanéité qui est le caractère du savoir de bon aloi, les travaux sur cette matière, de deux de nos concitoyens : « *Recherches historiques sur les anciennes monnaies des souverains, prélats et seigneurs du Cambresis avec les médailles dont cette province a été l'objet,* » par M. Auguste Tribou (2), et « *Rapport sur une notice qui a pour objet les monnaies*

---

(1) Pages 268 à 273.
(2) *Mémoires de la Société d'Emulation,* tome VIII (1823), page 199.

obsidionales de Cambrai, leur rareté et leur valeur présumée, » par M. Alcibiade Wilbert (1), travaux dont M. Robert s'est étayé pour compléter sa remarquable publication.

Type du *Laboureur* :

N° 1. Droit : LVDOVICVS · MAGNVS · REX · CHRISTIANISSIMVS · Buste de roi, lauré, avec cuirasse ornée d'un soleil, emblème royal. A l'exergue : R, initiale du graveur de la face. — Revers : METVS FINIVM SVBLATVS. Ville dominée par de nombreux clochers et entourée d'une enceinte bastionnée, dans laquelle on reconnaît Cambrai. Au premier plan un laboureur; c'est ici l'emblème de la paix. A l'exergue : CAMERACO · CAPTA · M · DC · LXXVII · MOLART · F · (2) — Médaille de troisième module (30 lignes ou 68 millimètres. — Cabinet impérial (aujourd'hui national) des médailles.

N° 2. LVDOVICVS · MAGNVS · REX · CHRISTIANISS · Buste à droite couvert de draperies ; tête plus petite que la précédente. A l'exergue la lettre R/. Bronze, troisième module. — Collection de M. V. Delattre, Cambrai.

N° 3. LVDOVICVS ·.· MAGNVS ·.· REX ·.· GALLIARVM ·.· INVICTISSIMVS. Buste à gauche, l'épaule présente trois mascarons dans des cadres rectangulaires. A l'exergue MOLART · F · Bronze, troisième module. — Collection V. Delattre.

---

(1) *Mémoires de la Société d'Emulation*, tome XIX, page 337.
(2) Graveur distingué, après G. Dupré et Warin, du XVIIe siècle.

N° 4. LVDOVICVS ·.· MAGNVS ·.· REX ·.· GALLIARVM ·.· INVICTISSIMVS. Buste à gauche ; autour du col, cravate fermée par un bijou cruciforme, sur l'épaule trois pièces à clous avec têtes de lions au-dessous, séparées par des fleurs de lis. A l'exergue, MOLART ··· Bronze, troisième module. — Collection V. Delattre.

N° 5. LVDOVICVS · MAGNVS · REX · CHRISTIANISSIMVS · Buste à droite avec peau de lion et un soleil sur la poitrine ; la couronne de lauriers porte feuilles et fruits. Sous le buste, MOLART F. Troisième module ; variétés dans l'âge des têtes.

Les n°s 2, 3, 4 et 5 ont le revers semblable à celui du n° 1, cité par Van Loon (1).

N° 6. LVDOVICVS · MAGNVS · REX · CHRISTIANISS . Buste à droite non lauré. Collerette montante coupée droit, draperie avec agrafe sur l'épaule, laissant voir une cuirasse à imbrications fleurdelisées R/. METVS · FINIVM · SVBLATVS · Type analogue au précédent, nuages dans le ciel. A l'exergue, CAMERACO . CAPTA · M · DC · LXXVII · Bronze, cinquième module (26 lignes ou 59 millimètres), plusieurs variétés de la face comme pour les précédentes. — Collection Dancoisne, à Hénin-Liétard.

N° 7. LVDOVICVS MAGNVS REX CHRISTIANISSIMVS. Tête à droite, col nu. Sous le buste, I · MAVGER . F · (2)

---

(1) *Histoire métallique des Pays-Bas*, t. III, page 217.

(2) Il a eu également, comme graveur, beaucoup de réputation sous Louis XIV.

— R/. METVS FINIVM SVBLATVS. Type analogue au précédent. A l'exergue, CAMERACO CAPT· M· DC. LXXVII· Neuvième module (40 millimètres). — Collection Ch. Robert.

N° 8. Variété du n° 7 portant à l'exergue : *Cameraco capta* 1677 17 *aprilis* (1).

Les médailles de ce groupe sorties du balancier de Paris, sont d'une exécution remarquable.

Type de la *France*.

LVD· MAGNVS· FRAN· ET· NAV REX· Buste du roi à droite, cuirassé, non lauré, cou entouré d'une cravate retombant sur le cordon du Saint-Esprit. — R/. IMP· FINIBVS· AB· HOST· INCVRSIONIBVS· LIBERTATIS· A l'exergue : CAMERACVM· CAPTVM· M· DC· LXXVII· DV· FOVR· (2) La France, en pied, couronnée, drapée d'un manteau fleurdelisé porte dans la main une couronne de lauriers. Au second plan un laboureur, au fond deux collines, dans le ciel des nuages. Dessin médiocre. Cinquième module (26 lignes ou 59 millimètres). — Musée monétaire, coins (3).

Type de la ville de *Cambrai*.

N°1. LVDOVICO· VICTORE· ET· PACIS· DATORE· Buste lauré, à gauche. — R/. DVLCIVS· VIVIMVS· et sur une banderole flottante : CAMBRAY. Une ville entourée

---

(1) *Médailles du règne de Louis-le-Grand*, édition de 1702.
(2) Jean-Baptiste Du Four, né en 1637, élève et commis de Warin.
(3) *Catalogue du Musée monétaire*, 1833, page 178.

d'une enceinte crénelée flanquée de tours. Des palissades marquent la contrescarpe du fossé et s'entr'ouvrent en face de la porte. Au premier plan, quelques arbres, trois maisons et des moutons. Revers inférieur, comme exécution, à la face. Bien que conservé à l'hôtel des monnaies de Paris (1), il n'a pas dû y être gravé et dénote un artiste inhabile. Septième module (22 lignes ou 50 millimètres). — Musée monétaire. M. Delattre en a six variétés de tête. Autre au même type, où la lettre S à la fin de chaque mot du revers est en minuscule, ce qui donne, en chronogramme, le millésime de 1678 (2) date de la paix de Nimègue.

N° 2. ✱ LVDOVICVS · MAGNVS · REX · CHRISTIANISSIMVS · Sous le buste : ANT · MEVRESEN · FECIT · Septième module. — Cabinet impérial (national).

N° 3. LVD · XIIII · D · G · FR · ET · NAV · REX · 1677. — R/. DVLCIVS · VIVEMVS ✱. Ville bastionnée surmontée de clochers. A l'exergue : CAMBRAY · La légende du revers est un chronogramme et donne la date de 1677. Pièce octogonale à bélière, 37 millimètres de hauteur. C'est un exemplaire en or, de cette médaille qui a été donné par Louis XIV à l'ingénieur Bourdon et se trouve aujourd'hui en la possession de M. Eugène Bouly de Lesdain (3). Nous la

---

(1) *Catalogue des poinçons et coins du Musée monétaire*. Paris 1833, page 178, n° 421.

(2) Wilbert, *Rapport* cité, page 374.

(3) Selon Tribou (ouvrage cité, page 260), cette médaille pèse une once quatorze grains (31 grammes 12 centigrammes). M. V. Delattre possède le poinçon du buste de cette médaille.

reproduisons (fig. 1) d'après le dessin qu'en a publié M. Robert (planche XLVII, fig. 2).

Cette pièce a aussi été frappée en cuivre. — Collections V. Delattre et Mignot, de Cambrai.

N° 4. La Vierge tenant l'Enfant Jésus copie de la Notre-Dame de Grâce avec les monogrammes dans le champ. R/. · DVLCIVS · VIVEMVS · Une ville ; à l'exergue : CAMBRAY. Pièce octogonale à bélière et semblable (sauf le droit) à la précédente (fig. 1).

« Les médailles au type de la ville sont, dit M. Robert qui les a vues toutes, d'une médiocre exécution ; les deux dernières ont dû être fabriquées à Cambrai, » sans doute par Etienne Bernard (voir page 167).

Jetons.

N° 1. LVDOVICVS · MAGNVS · REX · Tête du roi, laurée, à droite. Au-dessous, la lettre R, initiale du nom du graveur. — R/. DVLCIVS · VIVIMVS · Ville avec nombreux clochers et enceinte fortifiée de tours. A l'exergue : LES ESTATS · DE · CAMBRAY · En chronogramme 1678, date de la paix de Nimègue. Cuivre (38 millimètres fig. 3). — Collection V. Delattre, qui en possède trois variétés différant par la tête.

N° 2. La même avec tête du roi sans couronne et à l'exergue la lettre M. Argent. — Collection Mignot.

Dans les vues de villes des deux derniers groupes

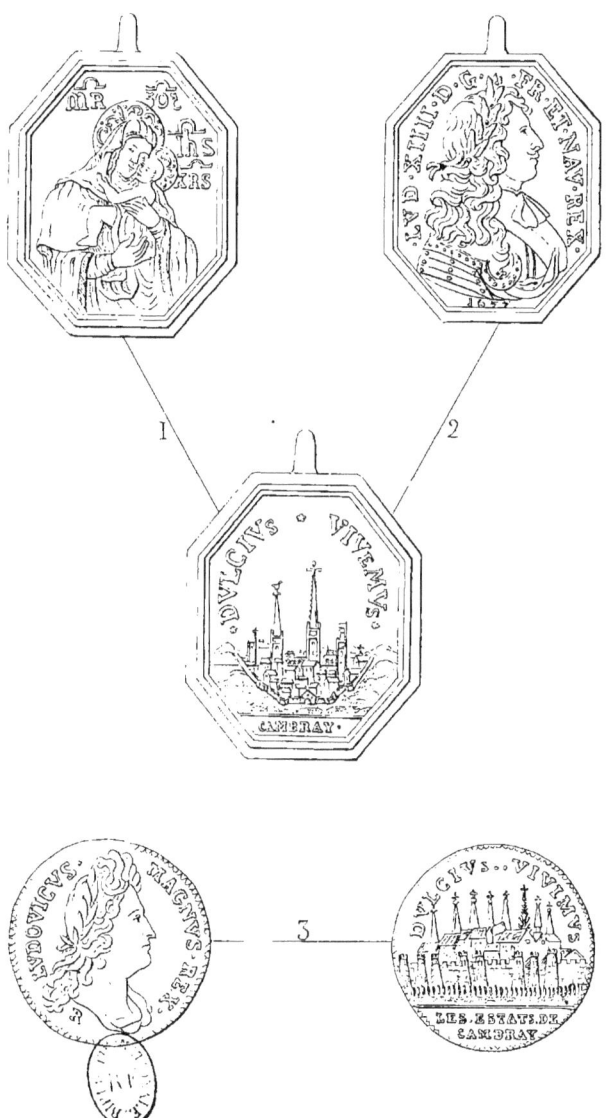

la flèche de la métropole, avec ses crochets, est toujours facilement reconnaissable.

M. Karel Versnaeyen, numismate belge, croit pouvoir affirmer, pour l'avoir vu, qu'il existe un 3ᵉ jeton au type du laboureur (1).

— A l'occasion du 2ᵉ centenaire il a été frappé par une initiative privée, et pour être vendue (2), une médaille commémorative en cuivre doré et en cuivre bronzé. Elle porte : droit, 2ᵉ CENTENAIRE DE LA RÉUNION DE CAMBRAI A LA FRANCE. Buste de Louis XIV à droite, cuirassé, sans couronne, le col entouré d'une cravate à bouts flottants. Sous l'épaule le nom du graveur : DESAIDE. — R/. CAMBRAI REDEVIENT VILLE FRANÇAISE. 8 AVRIL (sic) 1677. A l'exergue 1877 avec un point au-dessous. Entre deux branches de laurier et de chêne liées, les armes de la ville sommées d'une couronne murale. — Exécution très-médiocre. (25 millimètres).

L'administration municipale a également fait frapper avec un ancien coin, une médaille commémorative du 2ᵉ centenaire. Droit : l'écu des armes de la ville au-dessus duquel se trouve la couronne ducale fermée, soutenue par deux anges vêtus de robes et de tuniques à manches courtes, avec ceintures. Ils posent sur un socle qui supporte l'écu et sous lequel est un cul-de-lampe formé de deux rinceaux en console, symétriques, liés par une bague.

(1) Communiqué par M. V. Delattre.
(2) Vingt-cinq centimes.

Dans le haut sur une banderolle : VILLE DE CAMBRAI. R/. sur six lignes : DEUXIÈME CENTENAIRE DE LA RÉUNION DU CAMBRESIS A LA FRANCE — 1677-1877. Argent. (42 millimètres). — Musée communal. (Les anges surtout, sont d'une exécution plus que médiocre.)

Il existe encore un autre genre de monuments commémoratifs de la prise de Cambrai : les monuments graphiques dans le sens artistique du mot. Outre les deux plans que l'obligeance de M. V. Delattre nous a mis à même de reproduire, les superbes gravures rappelant le succès des armes de Louis XIV contre notre ville, sont trop connues pour que nous ayons autre chose à faire que de les indiquer ici, en attachant à cette indication une idée de complément pour notre travail. En effet, qui n'a vu — s'il ne les possède — les belles estampes, l'une en largeur, l'autre en hauteur, gravées d'après les tableaux de Vander Meulen, du musée de Versailles. Une troisième planche de petit format, toujours d'après le même maître, et que Ch. Le Brun a encadrée de gracieux ornements avec une imagination aussi riche que variée ; — dans des dimensions plus grandes, deux vues formant pendants, le siége de la ville et celui de la citadelle, surmontées de plans, par Lud. de Chastillon, et entourées par Le Clerc de trophées d'armes et de figures allégoriques, avec une légende succinctement descriptive de l'action, sur le socle ; —

enfin plusieurs petits plans géométraux peu différents les uns des autres, comme échelle et comme détails, que M. V. Delattre possède aussi pour la plupart, lesquels s'ils ne se rapportent point précisément à notre sujet, semblent du moins appartenir à l'année de la réunion du Cambresis à la France.

Telles sont les quelques pièces que nous avons pu connaître d'une iconologie que nous ne saurions avoir la prétention d'essayer.

C'est d'ailleurs une œuvre qui pourrait peut-être prendre plus d'extension que nous ne le soupçonnons : il faudrait pour en tenter l'entreprise faire au département des estampes, à la bibliothèque nationale, entre autres, des recherches minutieuses que nous n'avons pas les moyens d'accomplir. Nous nous contenterons, pour notre petite part, d'avoir indiqué la possibilité de compléter une étude intéressante au double point de vue de l'histoire et de l'art.

COMMISSION DE GOUVERNEUR

DES VILLE ET CITADELLE DE CAMBRAI, POUR DON PEDRO ZAVALA (1)

(Voir page 31.)

« Charles, par la grâce de Dieu Roy de Castille,
« de Léon, d'Arragon, etc., et la Reyne Marie-Anne

(1) Archives communales.

« d'Austriche, sa mère, come tutrice curatrice et
« gouvernante des dits Royaumes et S^{ries} : d'autant
« que le gouvernement des ville et citadelle de
« Cambray et pays de Cambresis est vacant pour
« auoir donné de lemploye en ceste cour au marquis
« de Mon Roy qui le deseruoit, et qu'il conuient
« pour son bien et sa seureté de le pouruoir dune
« personne de qualité, confiance, valeur et
« expérience du mestier de la guerre, prenant
« esgard à ce que ces qualités et autres bonnes
« parties se rencontrent en vous Don Pedro
« de Çauala, et à la satisfaction que nous avons
« de ce que vous nous aué bien serui l'espace
« de quarante quattre ans, par deçà en l'armée
« de la mer océane les cincq premières années, et les
« autres en Alemagne et dans les armées de
« Flandre, vous estant comporté en touttes les
« occasions qui se sont présenté esdits Estats et
« postes et dans le Palatinat, acompter depuis le
« poste de soldat jusque à celuy de m̄re de camp
« d'Infanterie espagnole de ladite armée, et de
« sergeant général de bataille et finallement de
« gouverneur d'Ostende, ayant receu diverses bles-
« sures, y procédant avec prudence et valeur confor-
« mement à vos obligations, et se confiant (come je
« me confie en vous) que vous seruirés d'icy en
« auant auec la mesme satisfaction, en tout ce qui
« se présentera du Royal seruice, j'ay treuué à propos
« de vous eslire et vous nommer (come par les
« présentes je vous eslit et nom̄e) pour chastelain
« gouverneur et capitaine général des chasteau et

« ville de Cambray et pays de Cambresis, affin
« que d'icy en auant et si loingtemps qu'il nous
« plaira, vous prenié la charge de la garde et
« deffense desdits ville et chasteau, avec le gouver-
« nement des gens de guerre qui y résident à present
« et y résiderons à ladvenir, auec aussy l'adminis-
« tration de la justice civile et criminelle, ainsy et
« de la manière que lont eub ou deub avoir les autres
« qui ont deuant vous tenu ladite charge ; et je
« comande à la persone à la charge de laquelle il
« est à present que dès aussitost qu'il sera requis
« auec ceste mienne lettre, sans attendre autre
« ordre ny comandement deuxiesme ny troisiesme,
« quil vous admet et donne les clefs des grilles et des
« autres choses quilz y sont et sy trouueront par
« inuentaire pardeuant un notaire public qui en
« donne foy et tesmoignage conformement à la
« coustume, ce quat tousiours esté praticqué affin
« queussié le tout par notte fidele, pour en donner
« compte et raison quand il vous sera ainsy ordonné
« de ma part ; mettant en vostre puissance tout
« le hault et le bas et le fort dudict chasteau à toute
« vostre volonté, ayant auant touttes choses, preté
« le serment de foy, de fidélité et d'hommage que
« les loys de ces Royaumes ordonnent, selon et come
« il s'est accoustumé de faire en semblables cas,
« es mains du comte de Monterey, gouuerneur et
« capitaine général par intérim, des Pays-Bas de
« Flandre, que l'ayant ainsy accomply la personne
« qui lat en charge et par la presente vous soy
« translaté. »

SERMENT PRÊTÉ PAR LES CAPITAINES DES COMPAGNIES BOURGEOISES, 1623 (1).

(Voir page 32.)

« Vous jurez et promettez de vivre et mourir en la
« religion catholique, apostolique romaine, la garder
« et maintenir sans jamais aller au contraire en
« fachon du monde et ne traicter, adherer ny
« communiquer avec hérétiques ny fautheur
« dhérésie, et destre perpetuellement fidelz et
« obéissans vassaux et subjetz du Roy nostre
« souverain seigneur, prince et duc de Cambray
« pour lui ses hoirs et successeurs, et d'employer
« vos vies et biens entiers et contre tous pour le
« maintenement et conservation de son estat
« seigneurie principauté et duce dudit Cambray, de
« procurer de tous vos moyens son bien et proffit et
« fuyr son dommaige, mesme de ne jamais traiter ny
« adhérer en aulcune manière ny avoir communi-
« cation et amitié avec ses ennemys et en oultre que
« exerciez bien et deument l'estat de capitaine quy
« ce jourdhui vous est conféré par Messieurs, pour
« le service de Sa Maiesté et de la ville. »

On peut remarquer la similitude de cette formule avec celle du serment prêté par le Magistrat (page 115). C'était sans doute comme une sorte de « passe-partout » où l'on n'avait à changer que l'énoncé des titres et qualités des titulaires.

---

(1) *Registre des offices*, 8 avril 1623 (f. 33 v. et 34). — Archives communales.

Traité et Capitulation accordée par Sa Maiesté Très-Chrestienne aux Prevost, Doyen et Chapitre de la Métropolitaine, Prélats et autres Chapitres et Communautés composans le Clergé de la Ville, Cité et Duché de Cambray, Pays et Comté de Cambresis, et aux Prevost, Eschevins, Manans et Habitans de ladite Ville, à la réduction d'icelle à son obéissance.

A Cambray, chez Gaspar Mairesse, imprimeur juré 1677 (1).

(*Voir page* 60.)

Poincts et Articles que Sa Majesté Très-Chrestienne est très-humblement suppliée d'accorder aux Prevost, Doyen et Chapitre de la Métropolitaine, Prélats et autres Chapitres et Communautés, composant le clergé de la ville de Cambray, et pays de Cambresis, ensemble les Prevost et Eschevins, Manans et Habitans de ladite Ville, à la réduction d'icelle à son obéissance.

Réponses que le Roy a données sur chacun des Points et Articles de la présente Capitulation.

ARTICLE PREMIER

Que la foy Catholique, Apostolique et Romaine sera gardée, observée

1

Sa Majesté a accordé et accorde

(1) Il en existe une seconde édition faite par le même imprimeur en 1703.

et maintenue dans toute l'estendue de la ville, banlieue, pays de Cambresis, Terres y enclavées et les autres lieux du diocese, sans y permettre en aucune maniere la liberté de conscience et presche, soit secrete, ou publique, ni aucune construction de Temples.

le contenu en cet article, pour en estre usé comme il a esté fait à Lille, et dans les autres places conquises par Sa Majesté en Flandres (1).

II

Le Roy est très-humblement supplié de n'y establir aucuns Gouverneurs, Commandans, Officiers, et Soldats d'autre religion que Catholique, Apostolique et Romaine.

2

Accordé à l'esgard des Gouverneur, Commandant, et autres Officiers Majors.

III

Que le Concile de Trente y sera maintenu, et observé en la forme et maniere qu'il y a esté receu, et pratiqué jusques à maintenant.

3

Il en sera usé en cét esgard comme à Lille et à Tournay (2)

IV

L'archevesque, Chapitres Métropolitain et autres, Abbez et Abbesses, Religieux et Religieuses

4

Les Denommez en cet article, recevront tous les mesmes bons

---

(1) Tournai capitula le 24 juin 1667, et Lille le 27 août suivant. — Accordé à Tournai (article xxvii) ; à Lille (art. iii).

(2) Lille (iv).

canoniquement y establys, Hospitaux, fondations pieuses, Bourgeois et Habitans des Villes et Pays, et tous autres de quels estatz et conditions ils puissent estre, Ecclesiastiques, seculiers, reguliers et autres, joüiront pleinement et paisiblement de tous leurs privileges, immunitez, franchises, exemptions et autres droits que leurs compettent, et appartiennent de droict, et accordez par les SS. Canons, gràces et privileges donnez par les SS. Pontifes, Conciles et Supérieurs Ecclésiastiques, octroyez par les Empereurs, Roys, Princes et autres Souverains.

traittements qu'ont receus jusques à présent les Ecclésiastiques et Gens de mesme qualité de Lille et de Tournay (1).

V

Lesdits Archevesque, Chapitres et Abbez, seront restablys et reintegrez dans tous ceux qui par laps de temps et autrement leur auroient esté ostez, et empeschez de joüir cy devant; et nommement l'Archevesque avec son Chapitre conjointement ou separement, supplient en tout respect Sa Majesté d'aggréer et permettre qu'ils luy en

5

Sa Majesté entendra avec plaisir les remontrances des Dénommez en cet article, et y aura tout l'esgard que son service pourra permettre.

(1) Accordé à Tournai (xxxviii), et à Lille (IV).

puissent faire leurs très-humbles remonstrances.

VI

Les Dignitez, Prebendes, Benefices, Cloistres, Monasteres et Chapelles et autres fondations pieuses venantes vacantes, il y sera pourveu par les Collateurs et Patrons en les formes accoutumées et permises de droicts et Concordats d'Allemagne sans les pouvoir eriger ou bailler en commande.

VII

L'Archevesque sera libre de rentrer dans son Eglise pour y tenir sa residence, et en toutte telle autre Ville ou lieux de son Diocese qu'il trouvera plus convenir, quoique d'autre domination si pourra faire, et exercer ses fonctions archiepiscopales, visites, administration des Sacremens, et touttes autres dans toutte l'estenduë d'iceluy par soy et les Vicaires Generaux, Officiaux, et autres siens Officiers conjointement ou separement selon les occurrences, sans permettre luy

6

Il en sera usé de mesme qu'à Lille et à Tournay (1).

7

En prestant par ledit Archevesque le serment de fidélité à Sa Majesté, il sera receu tant à Cambray qu'aux autres lieux de son Diocèse pour y exercer ses fonctions, et recevra en sa personne tout le bon traittement qu'il pourra raisonnablement demander.

---

(1) Accordé : Tournai xL), Lille (L\\II .

estre donné aucun empeschement dans les exercices spirituels et temporels, directement ny indirectement, ny à ceux par luy commis, voire mesmes es autres quatre Dioceses de sa province(1) selon que le permettent les SS. Canons, mais bien leur sera donné toute ayde, faveur, et support par les Officiers de Sa Majesté, en estans requis et priez.

VIII

Qu'on ne pourra visiter sa maison, papiers, coffres et bagages en faisant sortir pour sa commodité, ains (mais) seront transportez, et renduz en toute seureté où il se trouvera.

8

Comme il n'y a point d'apparence que ledit Archevesque manque de se rendre à son Eglise, il est inutil de faire sortir ses hardes et papiers.

IX

Iceux Chapitres et Ecclésiastiques ne seront subjects à aucuns logemens effectifs ou virtuels dans leurs maisons ou autrement à leur charge de gens de guerre et militaires, Officiers, soldats, et de telle autre qualité que ce puisse estre.

9

Il en sera usé en cet esgard comme il s'est fait du temps que la place estoit en la domination du Roy Catholique (2).

---

(1) Ceux de Tournai, d'Arras, de Saint-Omer et de Namur.
(2) Tournay (xxx).

X

Et retiendront lesdits Ville et plat Pays (1) avec tous les Habitans et Manans, sans aucunes differences de qualitez, soient ils Ecclesiastiques, seculiers, Militairs, Reguliers, Rentez, Mendians, Nobles, Bourgeois, Manans comme dict est, ainsi que feront les Chapitres, Chapelles, fondations pieuses, Cloistres, Hospitaux, Communautez, Pauvretez generalles et particulieres, maladries, confrairies, Beguinages, Mont de Piété, aussi les Estrangers, tous leurs biens meubles, immeubles, droicts, noms, actions, terres, rentes, vaisselles, or, argent monnoyez et non monnoyez, Cloches, Cuiures, Estaings, Plombs, Ferailles et tous autres metaux travaillez et non travaillez, bagues, joyaux, ornemens, vazes sacrez, image de N. Dame de graces, Corps saints, Reliques, Fiertes (chasses), Bibliotheques, et generallement tous leurs biens, Offices, Benefices de quelle nature et condition et en

10

Accordé en payant toutes fois au grand Maistre de l'Artillerie ce dont on sera convenu avec lui pour le rachapt des cloches et autres métaux qui lui appartiennent de droict dans les Villes contre lesquelles il a fait tirer le canon (2).

---

(1) On entendait par *plat pays*, la campagne, les communes rurales.

(2) Accordé sans conditions à Tournai xxiv, à Lille avec la même restriction qu'à Cambrai (xlvii).

quel lieu qu'ils soient situez et exigibles avec leurs chevaux et tous autres bestiaux, sans estre tenus à aucun rachapt non plus envers les Officiers de l'Artillerie qu'aucun autre quel il soit.

XI

Si rentreront tous en general et un chacun en particulier, sans autre déclaration que la présente, Seculiers, Militaires, Réguliers et autres, dans la propriété et joüissance de leurs biens meubles et immeubles, noms et actions qui pourroient avoir esté confisquez ou annotez par la présente guerre, et en pourront plainement percevoir les fruicts, rendages et eschéances non payez ny satisfaits si aucuns y en a, ou qu'ils soient situez dans le Royaume, Pays cedez ou conquis ou ailleurs, comme aussi dans les hereditez et biens auxquels *ab intestat* ils pourroient succeder s'il n'a disposition au contraire, apprehendez par d'autres à cause de la présente guerre.

11

Accordé pour en joüir du jour de la presente capitulation seulement.

[1] Accordé à Tournai (XXII) et à Lille (XLVIII).

XII

Que tous ceux qui ont depositez ou refugiez leurs biens en cette Ville, les pourront retirer, vendre et en percevoir les deniers jaçoit qu'ils fussent subjets du Roy Catholique.

XIII

Que la justice sera administrée comme elle a esté cy devant par l'Official, les Chapitres, Officiers tant de l'Archevesque que des Chapitres et feûdaux, Magistrat et autres ayans juridiction, esquelles ils seront maintenus chacun à son esgard.

XIV

Les appellations des sentances des Officiaux de la Province, Chapitres, et autres rendües par Ecclésiastiques ressortiront pardevant l'Official de Cambray, et celles des Eschevinages subalternes au Magistrat de ladite Ville ainsi qu'il s'est prattiqué cy devant, celles dudit Magistrat, et autres Juges Lays au Parlement de Tournay, sans estre tirez ailleurs.

12

Sa Majesté n'a pas estimé raisonnable d'accorder la demande faite par cet article (1).

13

Accordé, pourveu que par leur fidélité et bonne conduite, ils se rendent dignes de cette grâce.

14

Les appellations des Ecclésiastiques resortiront où elles le doivent de droict, et à l'esgard des Laicques pardevant le Conseil Souverain estably à Tournay (1).

1) Lille (XLIX et L).

XV

Sa Majesté est suppliée très-humblement de jurer l'observance des droicts, usage, stile, anciens privileges et immunitez desdits Ecclésiastiques et Ville, et que tous Bourgeois et Manans ny leurs biens ne seront traictables en première instance que pardevant leurs Juges ordinaires.

XVI

Que les Gouverneurs et Lieutenans de ladite Ville et Chasteau seront obligez de jurer et prester le mesme serment.

XVII

En considération de la pauvreté de la Ville, et que le logement effectif des maisons des Bourgeois est leur totale ruine, Sa Majesté est très-humblement priée d'accorder et consentir que les soldats qu'elle y mettra en garnison

15

Sa Majesté promet de faire inviolablement garder et observer tout ce qu'elle accorde par la presente Capitulation (1).

16

Les Gouverneurs et Lieutenans, tant de la Ville que du Chasteau, promettront la mesme chose marquée par l'apostille cy-dessus (2).

17

Sa Majesté fera loger dans la Citadelle autant de trouppes qu'il y en pourra contenir et le reste dans les cazernes, lesquelles

(1) Lille (LII).
(2) Lille (LIII).

228   LE SIÉGE

seront logez dans la Citadelle, Rocquettes et Baraques ou Cazernes, comme il s'est prattiqué jusques à présent.

les Habitans de la Ville seront tenus de meubler de lict et d'y fournir le chauffage aux Soldats qui y seront logez aussi bien qu'à ceux de la Citadelle (1).

XVIII

Qu'en tous cas de logements à faire en ladite Ville, à raison de l'arrivée de Sa Majesté, ou autre de sa part, les Chanoines Beneficiez et Magistrats en seront exempts et affranchis, et des frais en résultans.

18 et 19

Il en sera usé à l'esgard de ces deux articles de la mesme manière qu'il s'est prattiqué du temps de la domination du Roy Catholique (2).

XIX

Qu'aux Ecclésiastiques, Nobles Gentilshommes et Bourgeois, seront gardez tous tels droicts et privileges dont ils ont jouys tant

---

(1) Lille, mêmes conditions (LV).

(2) Tournai (XXX) Lille (LVI et LVII). Le dernier article de Lille correspondant à notre article XIX, ajoute : « pourvu qu'ils se conduisent bien. »

Un réglement du « S^{me} archiduc Leopolde du 6 juillet 1651, » porte :

« VIII. Les Ecclesiastiques ne seront chargés de logement qu'en cas de nécessité « et après que tous les aultres membres de la ville, Magistrat et Nobles, seront « logez comme est declaré par divers ordres cy devant donnez en telle matière.

« IX. Les barracques basties en divers endroicts de la ville de Cambray, « seront enthièrement employées pour le logement de la garnison sans les « divertir à autre usage, etc. » — Archives.

dans ladite Ville que plat Pays, et que possedans fiefs ne seront chargez de ban et arrière ban, ne l'ayans esté du passé.

XX

Que tous Gentilshommes et Officiers principaux demeureront en la possession des armes convenantes à leur qualité, comme aussi de celles servantes à leur seureté dans les voyages à la campagne, comme ils en ont joüy cy-devant (1).

20

Accordé, pourveu que par leur bonne conduitte ils se rendent dignes d'un pareil traittement.

XXI

Que les Manans et Habitans de ladite Ville de Cambray et Pays du Cambresis joüiront de la liberté de la chasse, comme ils en ont fait de toutte ancienneté.

21

Sa Majesté fera examiner leurs droicts à cét esgard et y pourvoira ensuite en la plus favorable maniere que la Justice le luy pourra permettre.

XXII

Que les maisons ny biens des Manans demeurans en ladite Ville, ny de ceux qui en sortiront, ne

22

Sa Majesté ne peut accorder cét article (2).

---

(1) Lille (LVII).
(2) Accordé à Tournai (XXXIII) et à Lille (LVIII).

pourront estre visitées en aucune façon pour telle cause ou pretexte que ce fust.

XXIII

Que sera permis à ceux y demeurans, d'aller et venir quand bon leur semblera en France, villes cedées et conquises, et plat Pays d'icelles, et qu'à ces fins pourront prendre passeports de Sa Majesté Catholique pour n'encourir d'estre pris prisonniers de guerre et assujectis à quelque rançon.

23

Ils seront traittez à cét esgard comme les Habitans des autres Villes conquises par Sa Majesté (1).

XXIV

Que la taille des aisez ni la gabelle de Sel ne seront pratiquées dans la ville, banlieue, pouvoir et plat Pays du Cambresis.

24

Accordé (2).

XXV.

Que les Religieux et Religieuses estans es Couvents de ladite Ville, soient-ils naturels ou non, Novice ou Professes, y demeureront librement, et soubs leurs mesmes Supérieurs, quoique demeurans

25

Ils seront traittez à cét esgard comme les Religieux des autres Villes conquises par Sa Majesté (3).

---

(1) Accordé à Lille (LIX).
(2) Tournai (XXXIV) Lille (LXI).
(3) Tournai (XLI) Lille : « pourvu qu'ils se conduisent bien » (LXIII).

soubs l'obeissance du Roy Catholique sans pouvoir estre envoyez ailleurs que par l'ordre de leurs Supérieurs, ny obligez de recevoir d'autres Religieux de nation estrangere.

XXVI

Que le Mont de Pieté érigé en cette ville avec tous les deniers que lui competent, seront maintenus et conservez au proffit du publicque, et demeureront particulierement affectez avec leurs bastiments, et generallement tout ce qui en dépend pour y estre regis, gouvernez et administrez par ceux presentement y establys, ou autres a y establir par ceux du Magistrat, ensemble tous les meubles et l'argent y prestez tels qui il soient y engagez y seront conservez au proffit de ceux à qui ils appartiennent pour leur estre restitué ou rendu et les deniers employez suivant l'intention dudit Mont.

26 et 27

Le Mont de Pieté sera administré comme ceux de Lille et de Tournay (1).

(1 Tournai (xxx), Lille accordé (LXIV et LXVI).

XXVII

Que ledit Mont, ensemble les Officiers d'iceluy, seront entierement subjects à la jurisdiction des Eschevins, sans que les Surintendans des Monts de Pieté establis en France, y puissent pretendre aucune superiorité ny connaissance.

XXVIII

Que les sentences renduës par contumace pendant la guerre contre les Habitans de la Ville et plat Pays, seront annullées, en telle sorte qu'ils pourront alleguer leurs exceptions, comme ils l'auraient pû faire avant ladite contumace et guerre.

28

Les Magistrats de Cambray s'expliqueront plus clairement de ce qu'ils peuvent desirer par cet article, et ensuitte Sa Majesté y pourvoira ainsi qu'elle verra estre à propos.

XXIX

Que les Monnoyes continueront suivant l'evaluation présente.

29

Accordé (1).

XXX

Ensuitte de quoy tous remboursemens, payemens de Cours,

30

Accordé (2).

---

(1) Tournai (xliii).
(2) Tournai (viii) Lille (xxviii).

arrierages de rentes et touttes autres debtes seront payées et acquittées en semblable monnoye qu'elles auront esté constituées et venduës.

XXXI.

Et au cas que Sa Majesté seroit servie ou trouveroit bon de reduire l'evaluation presente des monnoyes pour l'advenir au pied de celle de France, toute debte contractée auparavant telle reduction pour lettres de changes, cedulles, obligations, rentes et capitaulx, heritieres et viageres, tant en Capital qu'en Cours, en cas de rachapt rendage de Cens, louages de Maisons, et generallement toute autre debuance se payeront avec augmentation à proportion du rehaussement d'icelles.

XXXII

Qu'il sera permis aux Ecclesiastiques de ladite Ville de Cambray, de tirer vins du Royaume de France

31

Accordé.

32

Ils seront traittez à cét esgard comme les Ecclésiastiques

sans payer aucuns droicts de sortie ny entrée.

XXXIII

Que toutes marchandises et manufactures de cette ville pourront passer par la France pour estre conduites es pays estrangers par forme de transit sans payer aucuns droicts (2).

XXXIV

Que ne seront establys dans ladite ville, pays et Comté aucuns autres Conseils, Sieges de Justice et police que ceux y estans, ny pour les droicts d'entrée et sortie sur toutes sortes de denrées et marchandises (3).

XXXV.

Que Sa Majesté très-Chrétienne ny ses Officiers soubs pretexte ou raison de quelque necessité publique ne pourront lever ny s'approprier les deniers d'icelle ville,

de Lille et de Tournay (1).

33, 34, 35 et 36

Il en sera usé à l'esgard des choses demandées par ces quatre articles, comme il s'est prattiqué et se prattique dans lesdittes villes de Lille et Tournay.

---

(1) A Tournai (III) ce privilége est communal pour le nombre de 6,000 pièces, à Lille (XXXVI) il est général jusqu'à concurrence également de 6,000 pièces. « pourvu qu'ils (les habitants) en aient joüy jusques à présent. »

(2) Lille (XXIX).

(3) Tournai (XXIV) Lille (XXXIX).

estats, fondation, ny des particuliers (1).

XXXVI

Que tous tiltres, papiers, Chartres et enseignemens de l'Archevesché, Chapitre, Abbayes, Fondations pieuses et autres consernans l'Estat, Ville, Domaine, Sieges de Justice, police, demeureront dans leur entier et seront regis, gouvernez et conservez ainsi que du passé. (2).

XXXVII

Que tous refugiez et enfermez de quelque qualité ils soient, Ecclésiastiques, Nobles, Lays, Militaires et autres Officiers de Sa Majesté Catholique, leurs femmes et enfans, pourront continuer leur demeure l'espace de deux ans sans estre inquietez ny recherchez pour choses que ce soit se conformans aux ordonnances de Sa Majesté très-Chrestienne, et après ledit terme continuer leur demeure ou se

37, 38 et 39

Sa Majesté ne peut accorder le contenu en ces trois articles (3).

---

(1) Tournai (XXIII) Lille (XLI).
(2) Tournai (XXXII) Lille (XLII).
(3) Accordé à Tournai (XV, XVI, XVII et XVIII) et à Lille (XLIII, XLIV et XLV).

retirer comme bon leur semblera, mesmes les femmes, enfans et domestiques des Officiers et Soldats retirez dans la Citadelle apres ou devant ledit terme de deux ans, avec tous leurs meubles et effects.

XXXVIII

Et audit cas parmy la jouissance et propriété qu'ils auront de leurs biens, leur sera donnée la liberté de vendre, changer et aliener et en disposer à leur volontez, les faire administrer par celuy qu'ils voudront, et venant à mourir succederont aux héritiers *ab intestat*, au cas qu'ils n'ayent fait aucun testament ou disposition, de quoy ils seront libres, observant les formalitez requises sans subjection aucune des droits d'aubene, ny autres empeschans les successions legitimes, ou testamentaires.

XXXIX

Les absens qui desireront rentrer en la ville et plat Pays dans deux ans y seront receus avec leurs meubles et autres biens, à charge d'y vivre comme dessus, et pourront lesdits absens durant ledit temps disposer de leurs biens comme ils trouveront bon, et venans à mourir soit qu'ils soient rentrez ou non, leurs biens succederont à leurs heritiers légitimes ou testamentaires.

XL

Et que s'il arrivoit que le munitionair general, ou autre particulier des armées de Sa Majesté auroit besoing de quelque quantité de grains, iceluy ne les pourra pretendre, qu'en payant comptant sa valeur sur le prix qu'il vaudra au marché, sans s'adresser à une seule personne, ains en tirant d'un chacun à proportion.

XLI

Qu'en consideration des grandes charges supportées, frais, miseres et ruynes des biens en ville et aux champs, ladite ville et pays seront exemptez et affranchis d'accords, d'aydes, subsides et autres tailles

40

Accordé (1).

41

Sa Majesté ne peut accorder cét article (2).

---

(1) Lille (XLVI).

(2) Lille (VI). « Le Roy verra a proportionner les graces que lui demandent » les habitants « à la fidélité qu'ils témoigneront pour son service. »

et gabelles, pour le terme de dix ans, de quoy Sa Majesté est très-humblement suppliée.

XLII

Qu'il ne sera mis aucune imposition, ou capitation dans la ville et plat Pays et inhabitans que par convocation et consentement des trois membres de l'Estat, en la manière accoustumée, et comme l'on en a usé jusques à présent.

42 et 43

Il en sera usé comme du temps de la domination du Roy Catholique (1).

XLIII

Les Chambres desdits Estats et Commis seront maintenues en leurs formes accoustumées, et gouvernées par le nombre de Deputez et Officiers ordinaires.

XLIV

Que tous les imposts et moyens courans servans a acquitter les charges anciennes et nouvelles rembourses des capitaux, payement des Cours et arrierages des rentes heritieres, ou viageres, se leveront pour estre employez aux

44

Accordé à la charge touttefois de prendre une authorisation de Sa Majesté pour chaque nouvelle imposition (2).

---

(1) Tournai (XLV, XLVI et XLVIII), Lille (VIII, X et LXXI, etc.)

(2) Tournai (XLVII), Lille (IX).

mêmes fins, et en cas de courteresse, s'en leveront d'autres pour y furnir par accord uniforme des trois membres des Estats pour lesdits Chambres et Magistrats, pour le Domaine parmy l'authorisation qu'en donne Sa Majesté par cette.

XLV

Que les comptes des entremises des Estats, Commis et Domaines, se rendront à l'accoustumée pardevant les deputez ordinaires, et que ceux-cy devant rendus clos et arrestez ne seront subjects à aucune revenue, que les ordonnances, descharges et accords passez et allouez demeureront vaillables et sortiront effect.

45

Sa Majesté fera entendre les interessez au present article pour ensuite y pourvoir ainsi qu'elle le trouvera juste et raisonnable (1).

XLVI

Qu'il sera loisible au Receveur des deniers Royaux, et autres Officiers de Sa Majesté Catholique de se retirer en toutte liberté de cette ville avec leurs famille et meubles, et remporter tous leurs papiers, et enseignements concernant leur

46

Sa Majesté a creu devoir refuser la demande faite par cet article.

---

(1) Tournai (XLII), Lille (IX).

entremise dont ils rendront compte pardevant les Ministres de Sa Majesté Catholique seulement.

XLVII

Que ceux du Magistrat qui se trouvent presentement creez et establys en nombre de quatorze, seront continuez dans leurs charges de Magistrature, le temps et terme ordinaire.

47

Sa Majesté le trouve bon pourveu qu'ils le méritent par leur bonne conduite.

XLVIII

Que les Prevost, Conseillers Pensionnaires, Greffiers, Receveurs, Collecteurs et autres Officiers ayans charge en ladite magistrature et dependans, seront conservez en leurs estats et Offices, ainsi qu'il a tousiours esté fait avec les mêmes droicts, privileges et emolumens dont ils ont jouy et jouissent presentement, et la disposition à qui il appartient.

48

Sa Majesté l'accorde à la condition que dessus (1).

XLIX

De plus que lesdits ville, plat Pays, Communautez, Habitants

49

Ils seront traittez à cét esgard comme

---

(1) Articles XLVII et XLVIII, Tournai (XXIII, XIV, XXVI et XXVII), Lille (XXII, XXIII, XXIV et XXV).

d'icelle, ont et auront privilege de Regnicolles et de naturalité en vertu duquel seront tenus en tout et par tout pour originaux subjects de Sa Majesté très-Chrestienne, et d'y succéder et en ordonner comme ils trouveront convenir, ensemble estre habiles d'impetrer, avoir, jouir et tenir tous benefices et Offices.

les Habitants des susdites ville de Lille et de Tournay (1).

L

Le residu des debtes et aydes deues à Sa Majesté Catholique, s'il y en a, à cause des accords a elle faicts, demeurerat esteint, sans en pouvoir estre recherchez, soit qu'ils fussent acceptez, ou non.

50

Sa Majesté fera entendre le Magistrat sur cet article pour y pourvoir en suitte comme elle le jugera à propos (2).

LI

Que les Corps et Communautez des métiers de ladite ville seront conservez et maintenus sous la jurisdiction et police, comme ils ont esté du passé, et que nuls desdits stils, ni Manans et Habitans d'icelle pourront estre transportez en autre ville pour colonie.

51

Il en sera usé comme il se fait à Lille et à Tournay (3).

---

(1) Lille (xii).
(2) Tournai accordé (xiv), Lille accordé (xxi).
(3) Tournai (xviii), Lille (xxvi).

LII

Qu'en cette conjecture de guerre avec l'Espagne, les effects, biens et marchandises qui se trouveront en cette ville appartenans aux subjects de Sa Majesté Catholique et de ses alliez, ne pourront estre saisis, ni arrestez, à raison de la presente guerre.

LIII

Que toutes les marchandises chargées pour compte des Habitans de cette ville, pour tels lieux, ou places que ce soit, ayantes esté prises, ou arrestées par les subjects de Sa Majesté, seront rendues libres sur les attestations qu'en donneront les proprietaires, soubs le seel de ladite ville.

LIV

Que tous Marchands et Negotians, demeurans en cette ville, pourront librement trafiquer et negocier avec les subjects de Sa Majesté Catholique nonobstant la presenté guerre.

52 et 53

Sa Majesté ne peut accorder le contenu de ces deux articles (1).

54

Il leur sera permis en la mesme maniere que font les marchands de Lille et de Tournay (2).

---

(1) Accordé à Lille (xxxiii et xxxv).
(2) Lille (xxx et xxxi).

LV

Que la proprieté et demeure des Cours et Lieux de Justice, sera conservée en la forme et manière qu'elles sont occupées maintenant, sans pouvoir estre distraites de l'occupation d'icelle, en tout ou en partie, pour quelque cause que ce fust.

LVI

Que celuy qui commandera en ladite ville, ou chasteau ne pourra rien exiger à quelque tiltre que ce puisse estre, sur les grains et marchandises entrantes, ou sortantes d'icelle.

55 et 56

Il en sera usé touchant ces deux articles comme il s'est pratiqué dans le passé.

LVII

Que toutes rentes deues par ladite ville, Estats, Commis et Communautez, tant conjointement que separement, seront conservées aux proprietaires, comme aussi toutes debtes crées devant et durant la presente guerre et siege, seront acquittées et payées de bonne foi.

57

Sa Majesté fera entendre le Magistrat sur cét article pour y pourvoir en suitte comme elle le trouvera juste, et raisonnable (1).

LVIII

Les manants et inhabitants,

58

Accordé.

---

(1) Tournai (vi). Lille (xv).

pourront aussi poursuivre leurs debtes, par procez et autrement, à la charge de tous débiteurs demeurans soubs l'obeissance du Roy catholique, pardevant le Juge qu'il appartiendra, le tout jusques a sentence et execution d'icelle.

LIX

Les Paysans avec leurs familles, bestiaux et ustensiles de labeur, pourront retourner chez eux, et vaquer en toute liberté à leurs labeurs.

59

Accordé.

LX

Toutes les rentes et debtes deues tant par les Seigneurs particuliers, qu'autres hypothequées ou non, sur tel bien que ce soit, seront conservées aux crediteurs en leur force et vertu, lesquels pourront les faire payer soit par action personnelle, ou reelle sur l'hypothecque à leur choix.

60

Accordé pourveu toutesfois que ceux ausquels il sera deub soient subjects de Sa Majesté (1).

LXI

Les deux Hospitaux fondez pour les Bourgeois malades, leur seront conservez comme il s'est fait jus-

61

Il en sera usé à cét esgard aussi favorablement qu'à

(1) Lille (xv).

ques à present, ainsi que les autres fondations pieuses, demeureront dans leur mesme estat et seront executées suivant l'intention des premiers fondateurs.

Lille et à Tournay (1).

LXII

Et generallement leur consentir les advantages que leurs Majestez très-Chrestiennes ont esté servies d'accorder à ceux d'Arras, Tournay, Donay, Lille et autres à leurs redditions, qui seront tenus pour repetez comme s'ils estoient inferez.

62

Les responses que Sa Majesté a données aux articles cy-dessus ont suffisamment pourveu à la demande faite par celui cy (2).

LXIII

Que toutes offences et actes d'hostilitez commis devant et durant le Siege, seront entierement oubliez et pardonnez, et que les troupes de Sa Majesté entrant dans la ville, s'y comporteront en toutte modestie et bonne discipline sans commettre aucun desordre, n'y estre à charge des Bourgeois, non plus pour les vivres que pour autres choses, pendant le Siege de la Citadelle et en après.

63

Accordé (3).

---

(1) Voir plus, haut l'article IV.
(2) Lille (LXVIII).
(3) Tournai (l', Lille (l.

LXIV

Sa Majesté est tres-humblement suppliée, que tous prisonniers faits par ses trouppes de la ville de Cambray et pays de Cambresis, de quels estats et conditions qu'ils soient, seront relaxez et rendus libres sans aucune rançon, moyennant payer leurs despenses.

64

Accordé en prestant par eux le serment de fidelité qu'ils doivent à Sa Majesté (1).

LXV

Et d'accorder que tout ce que dessus, sorte son plein et entier effect, en derogeant à ces fins à tout ce qui pourroit faire au contraire, et sans que la generalité des clauses puisse préjudicier à la specialité d'aucunes, non plus que celle cy à la generalité (2).

Fait au camp devant Cambray, le 5 d'Avril 1677.

Signé, LOUIS.

Et plus bas, Le Tellier.

---

(1) Tournai (II), Lille (II).

(2) Lille (LXIX).

COMMISSION DE GOUVERNEUR

DE LA VILLE ET CITADELLE DE CAMBRAY POUR LE S^r DE CESEN (1).

(Voir page 98).

« Louis par la grâce de Dieu, Roy de France
« et de Navarre, à notre cher et bien amé le
« s^r de Cesen, maréchal de nos camps et armées,
« sergeant major du régiment de nos Gardes
« Françoises, à présent gouuerneur de Condé,
« salut. Aiant par la force de nos armes nouuel-
« lement soubmis à notre obéissance la ville et
« citadelle de Cambray, et estant nécessaire de
« pourveoir promptement au gouuernement de
« ladite ville et citadelle, nous avons jetté les
« yeux sur vous à ceste fin comme sur un suiet
« que nous en avons jugé le plus capable, sachant
« que vous auez toute la valeure, prudence,
« courage, expérience en la guerre, vigilance et
« aultres qualités requises pour un employ de
« ceste conséquence, nous confiant aussy parti-
« culièrement en votre fidélité et affection sin-
« gulière à notre seruice. A ces causes et aultres
« à ce nous mouuantes, nous vous avons commis,
« ordonné et estably, commettons, ordonnons et
« establissons par ces présentes signées de notre

(1) *Registre aux ordonnances* page 368. — Manuscrit de la Bibliothèque communale, n° 1055.

« main, en ladite charge *de gouverneur de ladite*
« *ville et citadelle de Cambray*, pour pendant *le*
« *temps de trois années et soubs l'authorité du*
« *gouverneur et notre lieutenant général en*
« *Flandres*, commander dans lesdites ville et
« citadelle, ordonner pour ceste fin aux habitans
« et aux gens de guerre tant de cheual que de
« pied, françois et estrangers estants et qui seront
« cy après en garnison en icelles, ce qu'ils auront
« à faire pour notre service, faire vivre lesdits
« habitans en bonne union et concorde les uns
« avec les aultres, et lesdits gens de guerre en
« bonne disciplinne et police suiuant nos règle-
« ments et ordonnances militaires, faire sévèrement
« chastier ceux qui ozeront y contrevenir, avoir
« l'œil à la garde et seureté de ladite ville et
« citadelle, et génerallement faire pour leur
« conseruation tout ce que vous verrez estre
« nécessaire et à propos ; voulons que vous
« jouissiez de la dite charge aux honneurs, autho-
« rités, prérogatiues, droicts, fruits, profits,
« reuenus et émoluments qui y appartiennent,
« tels et semblables dont jouissent ceux qui sont
« pourueus de pareilles charges, et aux appoin-
« tements qui vous seront ordonnez par nos Estats ;
« de ce faire nous vous auons donné et donnons
« pouuoir, commission, authorité et mandement
« espécial par ces dites présentes, voulons que
« vous ne puissiez sortir de ladite place qu'auec
« congé signé de nous, et contresigné par l'un de
« nos conseillers secrétaires d'Estat et de nos

« commandements, ny que vous la puissiez
« rendre en cas qu'elle vint à estre attacqué,
« qu'après en avoir deffendu vigoureusement les
« dehors, contrescarpes et fossez aussi longue-
« ment et vaillamment qu'un homme d'honneur
« est obligé de faire selon les loix de la guerre,
« auoir soultenu deux ou trois diuers assaults et
« qu'il y aurat breche raisonnable au corps
« d'icelle ; mandons et ordonnons aux habitants
« et aux gens de guerre estants et qui seront cy
« après en garnison dans lesdites ville et citadelle,
« de vous recognoistre, obéir et entendre en tout
« ce que vous leur commanderez et ordonnerez
« pour notre seruice, sans difficulté, le tout comme
« dit est, pendant le dit temps de trois années et
« soubs l'authorité du gouverneur et notre lieute-
« nant général en Flandres, car tel est notre
« plaisir. Donné au camp soubs Cambray le dix
« septiesme jour d'apuril l'an de grâce mil six
« cent soixante-dix-sept de notre règne le XXIIIIe.

« LOUIS
« Par le Roy,
« LE TELLIER. »

Cette commission fut renouvelée pour un même laps de temps par acte royal du 6 avril 1680, dix mois avant la mort de M. de Cesen. Ce dernier passa en effet de vie à trépas, après quelques jours de maladie, le mercredi 5 février 1681, vers sept heures du soir, dans l'abbaye de Saint-Aubert où il avait sa résidence.

On trouve à cette date, dans le registre aux décès de la paroisse de cette abbaye (1), la mention suivante :

« L'an mil six cens quatre-vint et un, le cin-
« quieme de février, Monsieur Barthelemy de Gelase
« seigneur de Cesen, gouverneur des villes et
« citadelles de Cambray, âgé de cinquante sept
« ans, est décédé en la communion de nre-Mère
« la Ste-Eglise ; dont le corps a été inhumé dans
« l'église Métropolitaine, dans la chapelle de
« nre-Dame de Grâce, le sixieme du même mois,
« après s'estre iceluy confessé et communié et
« receu le dernier sacrement, des mains de
« Monseigneur l'illustrissime Archevêque de
« Cambray ; (2) le curé des Francfievez l'assistait
« dans ces actions, comme propre curé dudit
« seigneur gouverneur lors demeurant dans le
« monastère de St-Aubert (3).

(1) Archives communales, série GG I, Etat civil. — Registre 78, page 266

(2) Jacques-Théodore de Brias.

(3) Les vingt-quatre Francs-Fiévés étaient divers officiers de l'évêque dont les offices avaient été érigés en fiefs héréditaires Il en est déjà fait mention à la fin du XIIe siècle. Ils comprenaient : le prévôt du palais, le maître d'hôtel, le pannetier, l'échanson, le grand queux (cuisinier), le grand veneur, le bouteiller, le grand maître des eaux, deux écuyers tranchants, quatre gentilshommes de la chambre, deux maitres de la garde-robe, deux sommeliers, un maître des cérémonies, un audiencier, un contrôleur des secrétaires et trois autres que Carpentier ne désigne pas. (*Histoire de Cambrai*, etc.) Ils avaient pour curé et pour paroisse — ainsi que toute la *maison* de l'évêque — en quelque endroit de la ville qu'ils demeurassent, l'abbé et l'église de l'abbaye de Saint-Aubert. (E. Bouly — *Dictionnaire historique*, etc., page 140).

MONUMENT DE M. DE CESEN.

(ANCIENNE ÉGLISE MÉTROPOLITAINE).

« Henry Denys, curé de St-Aubert. » (1).

M. de Cesen fut « extrêmement regretté non
« seullement des gens les plus qualifiez, mais de
« tout le peuple génerallement, aiant mérité
« l'estime et les regrets d'un chacun par les belles
« qualitées qui l'avoient élevé aux belles charges
« dont S. M. l'avoit récompensé, et particulière-
« ment par son humeur et ses façons d'agir fort
« obligeantes à tout le monde, et par l'inclination
« qu'il faisoit paroistre en toute sorte de ren-
« contre, de rendre de bons offices à tout le
« peuple, ne faisant rien avec plus de plaisir que
« de faire service à ceux qui estoient honorez de
« sa connoissance. » (2).

On lui éleva « dans la chapelle des Saints
Côme et Damien, » en l'église métropolitaine, un
mausolée de marbre blanc où le gouverneur est
représenté en buste, de profil, sur un médaillon
que soutient un petit génie (mutilé) et au-dessus
duquel plane un autre enfant ailé, portant de la
main gauche le casque du défunt et tenant une
palme dans l'autre main. Sur le piedouche qui
supporte le médaillon et qu'accompagne un trophée
d'armes et de lauriers, sont les armoiries de
M. de Cesen : un pal chargé de trois croix, accosté
de deux lions affrontés qui en sont les « supports. »
L'écu, timbré d'une couronne de comte, a pour

---

(1) Il fut fait abbé le 1er novembre 1691.

(2) *Registre aux résolutions des Etats de Cambray et du Cambresis, du 12 septembre 1680 au 13 septembre 1685*, f° 31.— Archives départementales.

« tenants » deux sauvages armés chacun d'une massue.

Sous ce très-beau groupe, œuvre d'art remarquable aujourd'hui en la possession de M. V. Delattre, on lisait l'inscription suivante relevée par l'abbé Tranchant (1) :

« Æternæ memoriæ nobilis et fortissimi viri
« Joannis Jacobi Barthol. De Gelas, equitis de
« Cezen, regiorum castrorum præfecti, qui
« præclarè gestis meritus prætoriam cohortem
« pro singulari in acie castrisque disponendis
« usu, non semel inter dubios pugnæ eventus
« victoriam reparavit. E pretorio ad Cameracensem
« præfecturam evectus se regi fide gratum, plebi
« comitate carum, nulli non suis se officiis
« acceptum præstitit, magnâ apud suos gratiâ,
« apud exteros, opinione, ducibus, virtute, et
« scientiâ, copiis omnibus humanitate conspicuus,
« illustre nomen æternâ gloriâ, propagavit.
« Missam quotidianam in hâc Ecclesiâ Métro-
« politanâ fundavit. Obiit anno salutis
« M DC LXXXI, nonis februarii, relicto omnibus
« suî desiderio et virtutis exemplo. Requiescat
« dum resurgat. »

— Cette fois l'épitaphe n'était point menteuse.

M. de Cesen eut pour successeur le comte de Montbron.

(1) *Collectio omnium inscriptionum in Metropolis Ecclesiæ Cameracensis, etc., etc.* — Manuscrit 941 (Bibliothèque communale).

LES CADETS GENTILSHOMMES

COMPAGNIE DE LA CITADELLE DE CAMBRAI.

(*Voir page* 169.)

L'organisation et l'instruction de l'armée étaient les plus vives préoccupations de Louvois. Il attribuait le manque d'éducation de ceux des officiers qui avaient commencé par porter le mousquet, à leur contact avec les soldats de mœurs grossières et d'une délicatesse souvent peu scrupuleuse. C'est pour parer à ce mal « et augmenter la somme du bien, » qu'il résolut « de faire vivre les *cadets* en simples soldats mais entre eux, » en instituant au nom du roi, le 12 juin 1682, à Metz et à Tournai, deux compagnies, sortes d'écoles destinées à former — en dehors des régiments — tous les jeunes gentilshommes de quatorze à vingt-cinq ans, aux connaissances nécessaires pour en faire un jour de bons officiers.

Le nombre des postulants fut tel que, trois mois après, il s'élevait à quatre mille.

Par suite, une ordonnance du 25 juillet 1683, défendit d'une manière absolue l'entretien des cadets par les régiments.

On créa pour les recevoir de nouvelles compagnies qui furent alors au nombre de neuf. On les établit dans les places frontières, à Tournai, Cambrai, Valenciennes, Charlemont, Longwy, Metz, Strasbourg, Brisach et Besançon.

Chaque compagnie avait pour chef un capitaine aux appointements de 150 livres. On choisissait pour ce grade l'un des commandants de la place. Sous les ordres du capitaine se trouvaient un lieutenant à 90 livres ; deux sous-lieutenants à 45 livres ; huit sergents à 30 livres ; huit caporaux à 21 livres et huit anspessades (1) à 18 livres chacun. La compagnie était conduite par trois tambours à la solde individuelle de 15 livres. Chaque cadet touchait également cette somme, ce qui donnait, à l'effectif de 450 hommes, un total de 7,677 livres.

Chacun de ces corps était divisé en deux brigades, subdivisées chacune en quatre escouades commandées par les sergents pris moitié dans l'armée, moitié dans les anciens cadets. Ces compagnies occupaient le quatrième rang parmi les troupes de la maison du roi et, comme telles, étaient vêtues de bleu, couleur réservée pour les Gardes Françaises et tous les régiments royaux en général. Les cadets avaient de plus la « veste et les parements rouges avec boutons dorés. » (2)

Ces jeunes gens étaient tous formés au service de l'infanterie ; on tenait compte néanmoins pour leur

---

(1) Bas-officier d'infanterie subordonné au caporal.
(2) *Carte générale de la Monarchie et du Militaire de la France*, par Pierre le Man de la Jaisse (pages 2 et 8).

classement, de leurs aptitudes particulières pour l'équitation. Assimilés aux troupes de la garnison, ils fournissaient chaque jour le quart de leur compagnie pour le service des postes de la place.

Enfin, pour compléter ces détails d'organisation empruntés en majeure partie à l'*Histoire de Louvois*, par M. C. Rousset (1), le grand ministre, comme marque de la faveur dont il entourait l'institution de laquelle il attendait pour ainsi dire la régénération de l'armée, avait diminué de moitié les taxes postales pour les cadets, par sa lettre du 27 septembre 1682, aux chefs de ces corps.

La compagnie de Cambrai avait pour capitaine Charles de La Rivière, seigneur Dufresne, lieutenant du commandant de la citadelle depuis la réunion de Cambrai à la France (2). Le lieutenant de la compagnie était le sieur du Fresnoy, baron de Moiecque ; les trois tambours, de la Bodaie, Halan et Claude Dhenaut. Le corps avait pour aumônier le desserviteur de la petite église Saint-Louis, paroisse de la citadelle, construite dans le fort même, de 1599 à 1601 (3) et dédiée en 1602. Les Pères Récollets étaient chargés de ce saint ministère dont ils conservèrent le soin jusqu'en 1719, où cette église fut pourvue d'un curé. Les aumôniers des cadets furent successivement, F. Philippe Quesnée,

---

(1) T. II, pages 301 à 324 (édition in-12).

(2) Voir ci-dessus page 99.

(3) Manuscrit 884, page 211. — Bibliothèque communale.

F. Bonaventure Gilson, 1684 ; F. Philippe Mauverny, lecteur en théologie, supérieur des Récollets, 1689 ; F. Sulpice Foullon, supérieur des Récollets, 1691 ; F. Angelicque Dufosset, 1693.

L'instruction scientifique des jeunes gentils-hommes, marchait de front avec leur instruction militaire et leur éducation. Ils avaient maître de mathématiques, maître d'armes, maître à danser etc. (1). Ils devaient chaque jour recevoir du premier deux leçons de deux heures et demie chacune. Ainsi l'avait prescrit Louvois dans une lettre du 3 janvier 1683, à Dufresne. Celui-ci dut parfois se plaindre du peu de goût de ses jeunes soldats pour la géométrie, à laquelle ils préféraient l'escrime et autres exercices belliqueux. Le 13 décembre 1682, Louvois en marquait son mécontentement au capitaine : « Je suis surpris, — lui écrivait-il — de « ce que vous me mandez qu'il n'y a que soixante-« trois cadets aux mathématiques, puisque vous ne « pouvez doûter que l'intention du roi soit qu'ils « les apprennent tous. »

La compagnie de Cambrai comptait en 1684, au mois d'avril, quatre cents élèves ; il en était alors sorti depuis trois mois, plus de trois cents officiers (2). Elle avait pour professeur de mathématiques, maître Pinault s^r des Jaunaux, écuyer, docteur en droit de

---

(1) *Carte générale* etc.

(2) Lettre de Louvois au chancelier, 28 avril 1684. — *Histoire de Louvois.*

l'université de Douai, avocat au parlement de Tournai (1), qui devint en 1692, le 26 avril, échevin de Cambrai. Pinault composa pour les cadets deux traités spéciaux, l'un d'arithmétique qu'il dédia en 1690, à l'archevêque de Brias, l'autre de géométrie dont il offrit la dédicace, en la même année, au capitaine de la compagnie. M. V. Delattre a publié dans le « *Bulletin de la Commission Historique du département du Nord* » (tome xie), sous le titre « Inscriptions funéraires et monumentales etc., » un article intéressant sur les cadets et sur leur professeur dont il possède les ouvrages; nous y relevons entre autres ce fait que lorsque le s^r des Jaunaux — c'est lui qui le dit — éditait sa géométrie, 2,500 gentilshommes avaient déjà passé dans la compagnie de Cambrai.

Mais, l'abus se glisse partout. Il se trouva que les intendants sollicités comme le sont tous les dispensateurs des faveurs même les plus minces, fermèrent les yeux sur mainte irrégularité; des jeunes gens complétement illétrés furent admis dans les compagnies, et la limite d'âge fut chose tellement élastique qu'on rencontra bientôt au nombre des élèves « des adolescents de quarante-cinq ans, » que l'épithète de « vieux cadets » couvrit alors de ridicule. L'insubordination se mit même de la partie, de véritables révoltes éclatèrent, contre lesquelles

---

(1) Voir le « privilege du Roy » en tête des *Covtvmes générales de la Ville et Duché de Cambray, Pays et Conté* (sic) *du Cambresis*, du même auteur.

on dut sévir en appliquant à leurs fauteurs jusqu'à la peine de mort (1).

A Cambrai, les choses n'atteignirent pas ce regrettable degré de gravité, mais notre jeune garnison se fit aussi remarquer par un esprit de mutinerie permanente.

Le vendredi 1er janvier 1683, par conséquent jour maigre, vers les trois heures de l'après-midi, quatre de ces petits messieurs, envahirent « au petit marché » (2), à l'enseigne de « La promenade ci-devant au Timbalier, » une boutique de charcuterie tenue par Dutart, natif de Besançon. Ils n'y trouvèrent que sa belle-fille, Jeanne Gosselet âgée de dix-sept ans. Ils prirent au mur où elles pendaient, quatre saucisses dont ils payèrent la valeur, six escalins (3), puis séance tenante, les mangèrent, délit grave en ce temps-là.

Le 5 janvier, les deux coupables — c'est-à-dire le charcutier et sa belle-fille — étaient appelés en « pleine chambre » pour s'entendre reprocher de n'avoir point averti de cette transgression « le lieute-« nant de Roy (M. de Dreux) ou Monsieur Dufresne, « capitaine des cadets, ou Messieurs du Magistrat, » et le 8 du même mois, les dits Henri Dutart et Jeanne Gosselet après avoir subi « trois jours de prison et une sérieuse correction en pleine

---

(1) A Charlemont.— *Histoire de Louvois*, etc., p. 310.
(2) Partie basse de la Grande rue Fénelon actuelle.
(3) L'escalin valait 0,3750 ᵐ ᵐ.

chambre, » étaient « renvoyés avec leurs charges. »

Quant aux cadets, trois en avaient été quittes pour quelques jours d'arrêts et une digestion plus ou moins laborieuse : le quatrième avait résisté à la tentation.

Le 23 février 1685, « MM. Charles Ballicque, Jacques Watier et Pierre de Francqueville, eschevins, » retournaient de l'hôtel de ville en leurs domiciles respectifs, vers sept heures du soir, conduits par la servante du concierge de la maison commune, qui les guidait à la lueur d'une lanterne dont elle était munie. Ces messieurs se trouvaient au coin de la Grand'Place, à l'entrée de la rue des Liniers, lorsqu'ils furent soudain assaillis, sans provocation aucune de leur part, par trois cadets « reconnaissables, dit l'enquête ouverte à ce sujet, à leur uniforme bleu et à leur petite épée à garde dorée. » Ayant dégaîné ils tombèrent à bras raccourci et en vomissant force injures, sur nos trois échevins qu'ils rossèrent, tandis que la servante s'échappait. Les cris d'appel des battus attirèrent les voisins dont la présence fit fuir les assaillants par la rue des Rôtisseurs.

Par suite de la double plainte portée par les échevins molestés, au lieutenant de roi, M. de Dreux, puis le 26 février à leurs collègues, et les témoins entendus, il fut établi que les agresseurs étaient les cadets Lachapelle, Lomar et Saint-Pierre qui avaient passé hors de la citadelle, la nuit du vendredi 23 au samedi 24. Pour ce faire, ils avaient laissé sonner l'heure de la retraite et de la fermeture des portes de la forteresse, puis s'étaient alors présentés, vers six heures du soir à « l'hôtellerie de l'Angleterre, tenue par la femme Hurlion, » pour y demander un gîte qu'on leur refusa d'abord et qu'ils n'obtinrent qu'à force d'instances. Après une promenade en ville, ils étaient revenus à l'hôtellerie vers sept heures et demie, pour y prendre le souper qu'ils avaient commandé. Mais deux d'entre eux, La Chapelle et Lomar, étaient tellement ivres, qu'ils ne purent manger et se couchèrent. Le lendemain un valet les vint chercher pour une prise d'armes. C'est ce qu'apprirent les sergents de la prévôté lorsqu'ils visitèrent toutes les auberges et hôtelleries pour savoir si l'on n'y avait point hébergé dans la nuit du 23 au 24, quelqu'un de ces mutins qu'il appartenait à la justice militaire seule, de punir.

Enfin, le 11 janvier 1689, vers les huit heures du matin, Maurice Dupuis et Darbamon, tous deux cadets se trouvaient dans la « rue Boislé (1) derrière les écoles des Jésuittes, » lorsque le second sans que son camarade, alors enveloppé dans son manteau, lui en eût fourni sujet, dégaînant soudain, lui donna au travers du corps « un coup d'épée à quatre « doigts de la mamelle gauche, pénétrant dans la « capacité de la poitrine. » Dupuis ainsi blessé mit

---

(1) Partie actuelle de la rue Saint-Fiacre, comprise entre les rues de la Neuve-Tour et de la Vierge-Marie, et alors paroisse Saint-Nicolas.

à son tour lame au vent, mais non avant d'avoir reçu un second coup « au bas ventre, pénétrant les « musques de lespigastre et finissant à un travers « de doigt de lespine du dos ; desquels coups — « ajoute Delair, le chirurgien juré qui fut appelé à « faire les constatations légales — le blessé est en « grandissime péril de vie. »

Dupuis fut pansé d'abord chez les Pères Jésuites, puis transporté « à l'enseigne du prince d'Espinoy. »

Comme preuve de la véracité de la déclaration faite sous serment, par le blessé, lors de l'instruction, deux de ses camarades ramassèrent sur le lieu de l'attaque, le manteau de Dupuis, ensanglanté et percé à la place du sein gauche et à la hauteur du nombril. On retrouva également son épée qui s'était brisée lorsqu'il se défendait, tandis que par la violence des coups portés celle de son adversaire, dit un témoin, « s'était tordue et il essayait en se sauvant de la redresser sur son genou. »

Il semble résulter de l'enquête préalable ouverte par le Magistrat, qu'un duel avait été résolu entre Dupuis et Darbamon, mais il ressort clairement de l'articulation des faits que le dernier, au mépris de toute loyauté, avait purement et simplement tenté d'assassiner son adversaire (1). Etc.

En cas de maladie, les cadets recevaient des soins

---

(1) Voir pour ces divers faits, Archives communales, série EE. I, Ecole des cadets.

à l'hôpital Saint-Jean, paroisse de la Madeleine (plan n° II, 6), où l'on traitait alors les militaires.

Nous avons relevé, dans le registre aux décès de l'église de la citadelle, après M. V. Delattre (en la complétant et la rectifiant) la liste nécrologique suivante dont tous les noms ont appartenu à des cadets de la compagnie de Cambrai :

1689, *Debrouille*, sergent, enterré le 24 août. — 1690, *Derouilly*, enterré (ainsi que les suivants) dans l'église de la citadelle, le 11 novembre; *Lavernière*, enterré le 15 novembre; *Rialin* (Maurice), enterré le 18 novembre. — 1691, *Degière*, enterré le 2 mars; *Gaude*, enterré le 6 juillet. — 1692, *Saint-Clément*, « mort à l'hôpital Saint-Jean (1) de maladie (sic), » enterré le 15 février; *Lelut* (Jean) *de Coursy*, enterré le 24 juin; *Dalinnoncourt*, mort le 29 novembre (à Saint-Jean), enterré le 30; *Planquet*, mort le 9 décembre, enterré le 10. — 1693, *Jolly* (François), né à Corbie, mort le 25 février, enterré le 26; *Grhaves* (Christophe), irlandais, mort le vendredi-saint, 20 mars, « enterré le même jour; » *Danelant*, irlandais, mort le 28 mai, enterré le 29. — 1694, *Desmarets* (Charles), seigneur de Bauvens, mort le 27 janvier, enterré le 28; *Bigot* ou *Bigaus* (sic), mort le 18 mars, enterré le 19; *de Tamanacq*, mort le 20 mai, enterré le 21; *de la Haye*, de la province d'Anjou, mort le 16 août,

---

(1) Même mention pour les suivants.

« enterré le même jour dans le cimetière de la citadelle. »

Le registre dont ces noms sont extraits porte sur son premier feuillet, immédiatement avant le décès de Debrouille, la mention suivante :

« Noms de ceux et celles qui ont été enterrés « dans l'église ou cimetière de la citadelle de « Cambray depuis qu'elle est au Roy de France. »

Il est probable que de 1682, année de l'établissement de la compagnie de cadets de Cambrai, à 1689 où l'on trouve l'indication que nous avons relevée la première, ces jeunes gentilshommes étaient enterrés à la Madeleine, comprenant l'hôpital Saint-Jean dans sa circonscription paroissiale, mais dont les registres aux décès, pour ce laps de temps, n'ont pas été retrouvés.

Avec Louvois disparurent les compagnies dont il avait provoqué la création. « En 1692, on cessa, « — dit M. Rousset (1) — d'admettre de nouveaux « cadets ; en 1694, ceux qui n'étaient pas devenus « officiers furent répartis comme au temps jadis « dans les compagnies des régiments. »

Leur ancien capitaine fut nommé gouverneur de la citadelle au décès du titulaire, « Anthoine de la Caille, le 4 janvier 1697. » Il conserva ce poste jusqu'à sa mort ainsi que l'indique la mention suivante extraite du même registre mortuaire :

(1) Page 314.

« Le 3 de juin 1720, est mort environ les 10
« heures du matin, messire Claude de la Rivière
« chevalier, et seigneur Dufresne, gouverneur pour
« le Roy de la citadelle de Cambray, âgé d'environ
« 80 et douze ans, et fut enterré le lendemain quatre
« juin 1720 dans le chœur de l'église de la susditte
« citadelle, devant la porte de la sacristie. En foy
« de quoi j'ai signé,

A. Gentil, aumonier.

Sa pierre tumulaire se trouve aujourd'hui en la possession de M. V. Delattre ; on y lit l'épitaphe suivante publiée pour la première fois en 1854, par M. A. Bruyelle dans ses « *Monuments religieux de Cambrai avant et depuis 1789* (page 138) : »

« Icy repose messire Charles de la Rivière
« s^r Dufresne, chevalier de l'ordre militaire de
« Saint-Lovis, qvi, après avoir servi 75 ans pendant
« lequel temps il s'est trouvé à plusievrs siéges
« et batailles, commandé vne compagnie de six
« cents gentilshommes, entretenus povr le service
« de Sa Majesté dans cette citadelle dont il a esté
« govvernevr l'espace de 23 ans ; décédé le 3 de
« jvin 1720. *Requiescat in pace.* »

Cette inscription est surmontée des armes du défunt : d'or à cinq têtes de dauphins d'azur, mises en sautoir, timbré d'un casque de chevalier avec lambrequins. Dufresne, on l'a vu à propos des travaux d'agrandissement de l'esplanade, appartenait de plus au corps des ingénieurs.

On peut ajouter pour rendre un peu moins incomplète la note précédente, que les cadets reparurent un instant dans la citadelle de Cambrai lors de leur réorganisation en six compagnies de cent hommes chacune, par Louis XV, en 1726. L'une de ces compagnies eut notre forteresse pour lieu de garnison jusqu'en 1728 où, réduites à deux, elles occupèrent Metz et Strasbourg.

L'extrait suivant est le seul document que nous ayons retrouvé constatant la présence des nouveaux cadets dans nos murs. Il a déjà été publié par M. Delattre dans son travail cité plus haut ; nous l'avons relevé sur le texte même du registre de la paroisse Saint-Louis ; il est ainsi conçu :

« Le 16 novembre 1727, est mort sur les quatre
« heures du matin à l'hopital St-Jean à Cambray,
« le sieur Nicolas de Frohart, natif de saint-Etienne
« diocèse de Boulonne, âgé de dix-sept ans
« environs, cadet dans la compagnie des gentils-
« hommes entretenus par le Roy dans cette cita-
« delle de ladite ville et fut le lendemain 17 du
« même mois et an que dessus, enterré dans l'église
« de ladite citadelle et fut administré du St-Viatique
« par moi soussigné, et de l'extrême onction par
« M. Gosset, aumônier de ladite compagnie des
« gentils-hommes ; c'est pourquoi il y a eu une
« difficulté entre Monsieur le curé de Sainte-Marie-
« Madeleine et son vicaire, en qualité d'aumonier
« dudit hopital de Saint-Jean, M. Gosset, aumonier

« de ladite compagnie et moi curé, de ladite cita-
« delle, pour qui il auroit droit d'administrer les
« sacrements auxdits gentils-hommes cadets,
« malades à l'hôpital. Nous avons été tous quatre
« ensemble au vicariat pour avoir la résolution ;
« il fut donc résoud que le curé de la citadelle avait
« droit et juridiction d'administration des sacrements
« aux gentils-hommes cadets malades à l'hôpital
« de Saint-Jean en Cambray. Je certifie avoir fait les
« funérailles sans aucune opposition ; en foy de
« quoi j'ay signé jour et an que dessus.

« A. Gentil. aumonier et curé de la citadelle. »

TABLE

PAGES.

Préambule 5

I.

Cause originelle de la prise de Cambrai. — Revendication de la Flandre, du Brabant et de la Franche-Comté. — Droit de dévolution. — Conquête de la Flandre et de la Franche-Comté. — Intervention de la Hollande. — Traité d'Aix-la-Chapelle. — Projet de conquête des Pays-Bas. — Triple alliance. — Nouvelle guerre. — Ligue de l'Empire et de la Hollande avec l'Espagne. — Quatre armées françaises. — Prise de Condé. — Prise de Bouchain. — Bataille offerte au prince d'Orange. — Troupes jetées dans Cambrai. — Renforts envoyés à M. de Luxembourg et à M. de Créqui. — Camp des Français. — Courses de la garnison de Cambrai. — Affaire de Flavy-le-Martel. — Affaire de Vitry. — Le pont d'Arleux. — Courses en Santerre. — Le comte de Monbrun. — Quincy. — Défaite des Espagnols à Iwuy. — Autre déroute. — Prise d'Aire. — Conférences pour la paix. — Mauvais vouloir des Espagnols. — Un ambassadeur d'Angleterre à Cambrai. — Revendication du Cambresis par la France. — Banquets, fêtes et processions. — Garnison à Vaucelles. — Quincy à Crèvecœur. — Concentration des troupes près du Câteau. — Augmentation des garnisons de Mons, Valenciennes et Cambrai. — Don Hieronimo de Kinionès. — Soldats logés dans les grandes et les petites boucheries. — Rareté des logements pour les officiers. — On les loge momentanément chez les ecclésiastiques. — Discussion à ce sujet. — Fêtes données par Louis XIV. — Madame de

Montespan. — Les Français menacent Cambrai, Valenciennes et Saint-Omer. — Magasins de vivres, sur les frontières. — Quincy se porte sur Valenciennes. — Mons bloqué. — Départ du roi, de Saint-Germain. — Le roi devant Valenciennes. — Prise de cette ville. .   7

II.

Le siége de Cambrai résolu. — Monsieur part pour Saint-Omer. — Réputation des deux places. — Louis XIV devant Cambrai. — Description de la ville : fortifications, citadelle, siége métropolitain, église, etc. — Place la plus formidable des dix-sept Provinces. — Terreur qu'elle inspire aux provinces limitrophes. — Forme stratégique de la ville, ses défenses. — Don Pédro Zavala. — Ses services militaires. — La garnison de Cambrai. — Les compagnies bourgeoises : organisation, effectif, armes. — Le prévôt. — Le Magistrat. — Magasins de vivres. — Viande pour les troupes. — Préparatifs de défense. - Inondation. — Moulins : à eau, à vent, à bras. — Pompes à incendie. — Ordonnance pour les brasseurs. — Sentiments religieux des Cambrésiens : N.-Dame de Grâce, son culte, sa chapelle, etc — Le prévôt du chapitre député au roi pour obtenir qu'on ne tire pas sur l'église. — Exposition permanente de l'image de la Vierge, prières quotidiennes et procession. — Dénombrement de l'armée française. — Vauban. — De Breteuil. — Troupes de siége. — Reconnaissance de la place par Louis XIV. — Distribution des quartiers. — Quincy va vers Mons. — Circonvallation et contrevallation. — Topographie. — Le camp français. — Topographie. — Ponts, redoutes aux poudres, parc d'artillerie, abri de la garde de tranchée. — Maison de Vauban. — Sortie. — Le colonel Rose. — Achèvement des lignes. — Ouverture de la tranchée. — Attaques : de la gauche, de la droite, du milieu. — Première garde. — Travaux d'approche. — Batterie de la Neuville. — Feu des assiégeants. — Deuxième garde. — Ruine des défenses du château de Selles. — Tourelles de Balagny et campanille de l'horloge. — Wettes. — Chambre verte. — Le Magistrat se réfugie au rez-de-chaussée. — Réquisitions. — Eau-de-vie aux soldats et bière aux compagnies bourgeoises. — Sorties. — Un ingénieur des assiégés se laisse prendre volontairement. — Batterie de six pièces. — Troisième garde. — Travaux de tranchée. — Batterie de sept pièces — Logement à la droite. — Quatrième garde. — Autre logement. — Prise de la demi-lune de l'ouvrage couronné, et de l'angle à corne. — Retraite. — Reprise des mêmes ouvrages. — Pont ruiné. — Attache du mineur, le marquis De Brosses est blessé. — Le comte d'Auvergne bat la chamade. — Cessation du feu. — Le conseiller Desgrugeliers et le capitaine Mairesse. — Entrevue avec M. de Luxembourg. — Reprise du feu. — Conseil de défense. — Les assiégés prêts à capituler. — Trêve de vingt-quatre heures. — Continuation des travaux du mineur. — Echange des otages. — Dix-neuf hommes à l'hôpital. — Les cambresiens découragés. — Considérations. — Opinion de Dupont. — Priviléges du clergé. - Les cambresiens las de la guerre. — Projet de Zavala. — Sixième garde. — De Buis et Covaruvias conduits à Louis XIV. — Projet de capitulation. — De Buis et Dangeau, anecdote. — Députation du Magistrat, des Etats, etc. — Capitulation accordée. — Contestation pour le bastion Robert. — Les femmes des officiers et des soldats. — Les femmes de qualité. — Entrée du roi ajournée. — Résumé de la capitulation. — Publication. — Remise de la ville aux Français. — Reddition des otages. — Arrivée de personnages au camp. — Désarmement des compagnies bourgeoises 25

III.

Monsieur à Saint-Omer. — Le roi lui envoie de nouvelles troupes. — L'attaque de la citadelle résolue. —

Description de la citadelle. — Les femmes des Espagnols abandonnées à la clémence du roi. — Les chevaux dans les fossés. — Dix par compagnie. — L'exécuteur des hautes œuvres. — Résolution du gouverneur. — Fermeture des rues menant à la citadelle. — Batteries : au bastion Robert et au quartier de Lorge. — La grande place d'armes sous le mousquet. — Le bastion Nord. — La tranchée ouverte sur l'esplanade. — Feu des assiégés. — Réduction de la garde de tranchée. — Retour de Louvois. — Villeroy au quartier de Luxembourg. — Sortie. — De Vigny pris pour un espion. — Nouvelle sortie. — Des Charmants et des Autours tués. — Le comte d'Auvergne blessé. — La tranchée du côté de la ville. — Bombes et carcasses. — Explosion d'un magasin de grenades. — Les bombes des Espagnols. — Troisième sortie. — Logement au bastion Robert. — De Meignac tué. — Achèvement des communications. — Nouvelle batterie de dix pièces au bastion Robert. — Batterie de sept pièces au bastion Saint-Georges. — Porte et pont de la citadelle. — Le bastion de l'Ouest. — Le bastion du Sud. — Porte de secours. — Pierriers et mannequins. — Trois nouvelles batteries. — Le chapitre métropolitain. — Remerciements au prévôt du chapitre. — Le rachat des cloches. — Faucher tué. — Incendie d'un magasin de bois et destruction du corps-de-garde. — Ligne à travers le glacis. — Mort du marquis de Revel. — Le Tiller tué. — Energie des assiégés. — Opinion de le Peletier. — Bataille de Cassel. Opinion de Louvois. — Zavala blessé. — Achèvement des places d'armes. — Attaque de la demi-lune de la porte. — Sortie de cavalerie et d'infanterie. — Le régiment de Picardie. — Deux nouvelles batteries à la gauche. — Attaque du côté de l'esplanade. — Logement à la gauche. — A minuit. — Les assiégés ripostent. — Feu terrible. — Schomberg. — Résistance opiniâtre. — Combat de douze heures. — Hécatombe. — Le mineur au bastion Nord. — Célébration de la victoire de Cassel. — Trois batteries de brèche. — Covaruvias. — Le mineur fait son retour.— Descentes du fossé. — Nouvelle attaque sur l'esplanade. — Prise de la Demi-Lune Verte. — Elle est reprise par les Espagnols. — Ils sont délogés. — Nombreux morts et blessés. — Avis de Vauban. — Oger de Cavoie blessé à mort, et Louis XIV.— Trève de trois-quarts d'heure.— Villeroy, Dangeau et Covaruvias. — Le trou du mineur. — Logement à la demi-lune de la porte. — Prise de la Demi-Lune Verte. — Conflit entre Vauban et Dumetz. — Trois batteries de brèche au bastion neuf (ou de l'Ouest). — Les Espagnols enlèvent leur artillerie. — La mine au bastion Nord. — Le mineur au bastion Ouest. — Cessation d'armes. — Invitation au gouverneur de se rendre. — Zavala régale les envoyés Français. — Sa réponse. — Explosion de la mine au bastion Nord. — La brèche élargie — Ruse de guerre. — Deux nouveaux mineurs — Le fossé comblé. — Impatience des soldats. — Reconnaissance de la brèche. — De Boisseleau, Goulon, Salis, des Crochets, etc. — Ils montent sur le bastion. — Louis XIV les félicite. — Bourdon, ingénieur Cambresien. — La pièce de canon décoration. — Batteries de mortiers. - Logement devant le bastion Nord. — Batteries de pierriers et de canons au bastion Ouest. — Brèche ouverte, muraille derrière. — Assaut décidé. — Zavala fait battre la chamade. - Le roi l'apprend à la messe. — Echange d'otages. — De Buis, Covaruvias et Louis XIV. — Opposition antérieure de Quincy. — L'opinion de Vauban prévaut. — Louvois prend possession de la citadelle. — Système des parallèles et des places d'armes. — Le chapitre projette d'aller féliciter le roi. — Sortie de l'infanterie de la garnison par la brèche. — Sortie de la cavalerie par la porte de secours. — Cinquante chariots pour les blessés. — Les femmes. — Hôpital militaire de Saint-Jean. — 1,200 hommes tués ou blessés dans la citadelle. — Louis XIV et Zavala. — Grand père des Croûtes. — Fin du carême et du jubilé. — De Cesen, gouverneur. — De Dreux, lieutenant de roi. — Parizot, sergent-major. — D'Alinville, lieutenant d'artillerie. — De Saint-Maximin, aide-major. — De Sorbes, capitaine des portes. — De Choisy, commandant et Dufresne, lieutenant de la citadelle. — Lockman et Magnac, cavalerie, en garnison à Cambrai. — Rapidité de la conquête 67

IV

L'entrée du roi. — Sa réception par le Magistrat. — Cortége échevinal. — Les porteurs des grands draps. — Les porteurs des petits draps. — Les trois serments. — Les armes royales. — Le dais. — Echange de compliments. — Hypothèse. — Le cortége royal. — Réception à l'église. — Te Deum et prières pour le roi. — Visite de l'église et du chapitre. — Visite de la citadelle. — Ordre de réparer les fortifications. — Louis XIV quitte Cambrai. — Le quart d'heure de Rabelais. — Dépenses imprévues. — Gratifications. — L'usage. — Le commissaire Drouart. — Foin, avoine et tapisserie. — Les tambours, les trompettes et les valets de pied du roi. — Rachat du dais. — M. de Cesen. — M. le Peletier. — Situation identique. — M. de Brias et le roi. — Serment de fidélité. — Prise de Saint-Omer. — L'esprit du roi. — Sincérité de l'archevêque. — Opinion de Saint-Simon. — Réjouissances pour la prise de Saint-Omer. — La reconnaissance et l'ingratitude en politique. — Chef-d'œuvre de la politique d'un grand roi. — Le duc d'Enghien. — Le marquis de Louvois. — Le comte de Lorge. — Rachat des cloches : par les bourgeois, par le chapitre. — Rachat des métaux : part de la ville, part du clergé. — Fonds avancés à ces derniers. — Le serment de fidélité. — Le Magistrat maintenu. — Question de forme. — Cérémonial et formule du serment prêté par les échevins. — Serment de M. de Cesen. — Dîner du serment. — Les Cambresiens et la bonne chère. — Fanfares. — Le cuisinier et les gardes de M. de Cesen. — Total. — Le serment du clergé. — Contestations. — Réclamation du chapitre. — Nouvelle réclamation. — Formule du serment prêté dans la sacristie : par le chapitre, par M. de Cesen. — Le roi visite les places conquises. — Défense du littoral. — Revue générale. — Envoi de troupes à M. de Créqui. — M. de Luxembourg commandant de l'armée de Flandre. — Le roi revient à Cambrai. — Son entrée par la porte Notre-Dame. — Encore les valets de pied et le dais. — Feux de joie. — Le portrait du roi. — Un monarque clément. — De misérables peuples. — Différence de chiffre. — M. de Valicourt subdélégué de l'intendant. — Mme de Cesen : le chapitre la félicite, le Magistrat lui offre deux toilettes. — Triste réflexion. — Prérogatives de Louis de Berlaymont méconnues. — Droits politiques du roi. — Renouvellement de la loi. — Les nouveaux échevins. — Le prévôt confirmé dans sa charge — Installation du Magistrat. — Gratifications. — Galanterie et diplomatie échevinales. — Collation offerte à Mme de Cesen. — Le cuisinier, le menu, la sérénade, etc. — Dernière paie des capitaines des compagnies bourgeoises. — Regrets rétrospectifs. — Armes transférées à la citadelle. — Réorganisation des compagnies. — Preuves. — Fonctions désormais gratuites. — Réintégration des grades. — Encore M. de Louvois. — Charges militaires. — Exemptions en faveur des ecclésiastiques. — Causes fréquentes de conflits. — M. de Luxembourg. — Le clergé va le saluer. — Réparations aux édifices communaux. — L'hôtel de ville, l'horloge, le carillon, le timbre. — Dépenses à ce sujet. — Refonte attendue quatorze ans. — La jambe de Martin. — Aide de 60,000 florins. — Espoir déçu. — Situation des Cambresiens et du Cambresis. — Multiplicité des impôts. — *L'administration sous l'ancien régime. — Histoire du Nord de la France et particulièrement du Cambresis par ses institutions.* — Dénoûment inévitable. — Prise de Saint-

274 LE SIÈGE

Guislain. — M. de Saint-Pouange. — Logement des officiers, nouveaux embarras. — Baraques et casernes. — Grange sur le grand marché. — Collège Majoris. — Décision de l'intendant. — Guerre de 1678. — Secret de la campagne. — Opérations en Flandre. — Prise de Gand et d'Ypres. — Le parlement et le roi d'Angleterre. — Négociations pour la paix. — Ultimatum. — Encore les casernes. - La reine à Cambrai. — Ordonnance du Magistrat. — Le chapitre et la reine : Te Deum, médailles commémoratives. — La femme et la maîtresse à l'archevêché. — Départ pour Lille. — Nouvelles conditions de paix. — Acceptation de la Hollande. — Retour à Saint-Germain. — Passage du roi, du dauphin et de la dauphine — La flatterie a son tour. — Restauration de la porte Notre-Dame. — M. des Groseliers. — M. le Peletier et le geai de la Fontaine. — Inscription du baron de Vuoerden. — Paix avec la Hollande. — Exigences du roi. — Paix avec l'Espagne. — Son effet à Madrid. — Le traité de Nimègue : le territoire, les habitants.— La paix cimentée. — Le français et la diplomatie 101

V

Fortifications et citadelle. — Indications stratégiques et topographiques. — Souterrains de la citadelle. — Bastion de Balagny. — Souterrain de l'orillon du bastion n° 2. — Tracé de Vauban. — Agrandissement de l'esplanade. — Expropriations. — Procès-verbal. — Terrains donnés en échange sur la Place-au-Bois. — Abus. — Correspondance. — Répartition de l'indemnité. - Les expropriés s'indemnisent eux-mêmes. — Fermeture de la Porte-Neuve. — Porte Saint-Georges. — Mariage du dauphin. — Fêtes. — Voyage de la cour. — La cour à Cambrai. — Préparatifs de réception. — Jérome Pellé, artiste cambrésien. — Les filles de Sainte-Agnès. — Le drap de la bretèque. — Médailles offertes au roi : l'or, le coin. — Les clefs de la ville. — Autres médailles commémoratives. — Etienne Bernard, orfèvre graveur cambresien. — Relation officielle. — Cent vingt-quatre tonneaux. — Comble de la gloire. — Les cadets gentils-hommes. — Patriotisme des Cambresiens. — Le premier centenaire. — Délibération du Magistrat. — Ordonnance de l'archevêque. — Approbation de l'intendant. — Les finances communales. — Le récit de la *Gazette de France*. — Juste susceptibilité du Magistrat. — Double délibération. — Réclamations non accueillies. — Mémoire rectificatif. — Curieux détails. — Complément. — La cloche, le Te Deum, la barre, le vin coule, le feu d'artifice, trente-deux feux de joie, illumination, « 426 livres de chandeille, » le souper, le bal, le théâtre, la dépense. — Centenaire de 1877. — Embarras financiers.— Inauguration de l'hôtel de ville. — Programme officiel, etc.— *Historiæ finis* 151

APPENDICE

Chansons et poésies sur la prise de Cambrai	191
La prise et réduction de la ville et citadelle de Cambray .	192
La liste des morts et blessés au siége de Cambray . . .	195
Cantique sur la reddition de Cambray.	196
Inscription du baron de Vuoerden	202
Vers de la Fontaine sur la prise de Cambray . . .	203
Quatrains inédits	204
Cambrai à la France.	205
Métallique de la prise de Cambrai par Louis XIV, etc. .	207
Monuments graphiques de la prise de Cambrai . . .	214
Commission de gouverneur de Don Pedro Zavala. .	215
Serment des capitaines des compagnies bourgeoises . .	218
Capitulation accordée par Louis XIV	219
Commission de gouverneur de M. de Cesen	247
Les cadets gentilshommes	253

Cambrai. — Imp. J. RENAUT, rue St-Martin, 8.

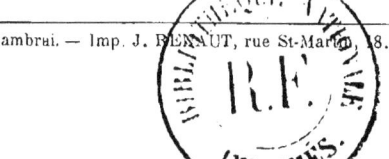

Carte très-particulière des environs de Cambray et de son siège que le Roi a fait l'année 1677, le tout tiré géométriquement sur le pays par Henry Sengre.

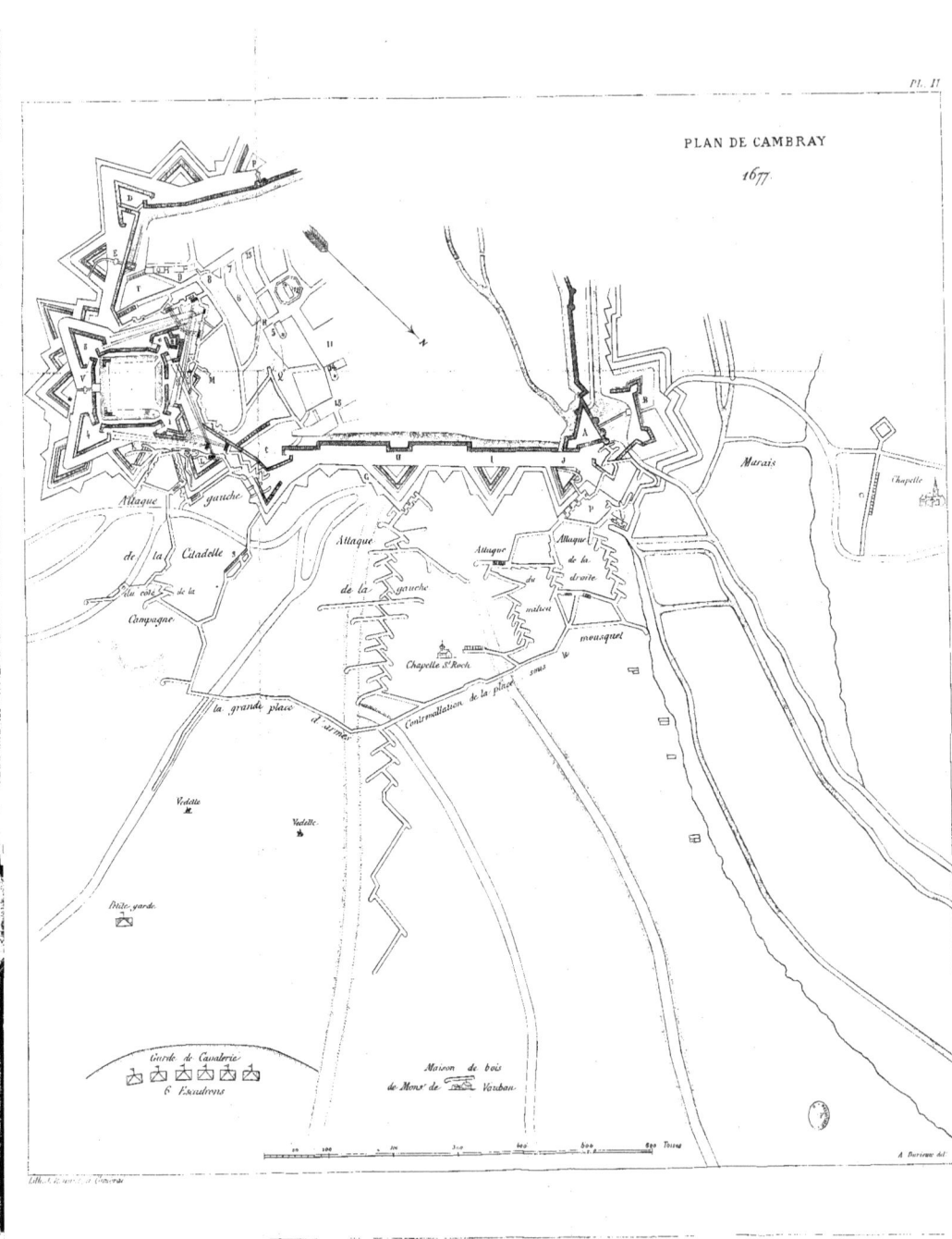

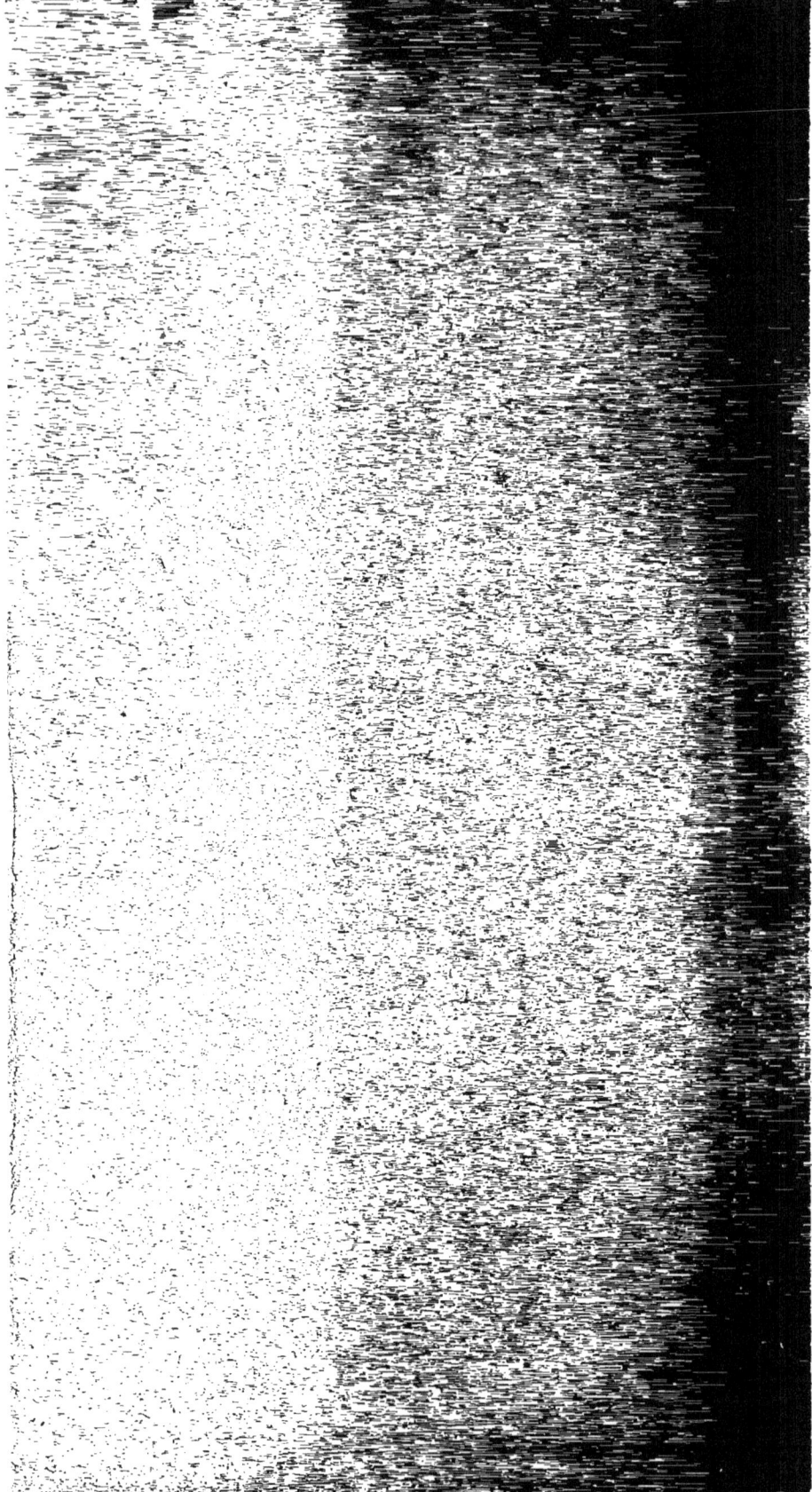

DU MÊME AUTEUR :

Les Miniatures des Manuscrits de la Bibliothèque de Cambrai, 1 vol. in-8°, avec atlas de 19 planches in-4°, papier teinté (très-rare).

Chants et Chansons populaires du Cambresis avec les airs notés (par Mme Durieux) et 2 vignettes; 2 vol. in-8° (le premier en collaboration — Epuisé).

Les Martins de l'Horloge de Cambrai, in-8°, (épuisé).

L'Art monumental a Cambrai, in-8°.

La Disette a Cambrai en 1789, d'après des documents inédits, in-8°, avec sceau.

Inscriptions tumulaires, antérieures a 1793, encore existantes dans l'arrondissement de Cambrai, 1 vol. in-8° (en 2 séries) avec 4 planches. (En collaboration — Rare).

Un Village de l'ancien Cambresis. — Fonts baptismaux et pierre tumulaire, in-8°, avec 2 planches.

Notice sur l'Hôtel de Ville de Cambrai et sa reconstruction, in-8°.

Les Artistes Cambresiens du ixe au xixe siècle, et l'Ecole de Dessin de Cambrai, 1 vol, in-8°, avec 10 planches dont 2 en couleurs et 2 photographies. (Rare).

Mélanges, etc., etc.

www.ingramcontent.com/pod-product-compliance
Lightning Source LLC
Chambersburg PA
CBHW070756170426
43200CB00007B/797

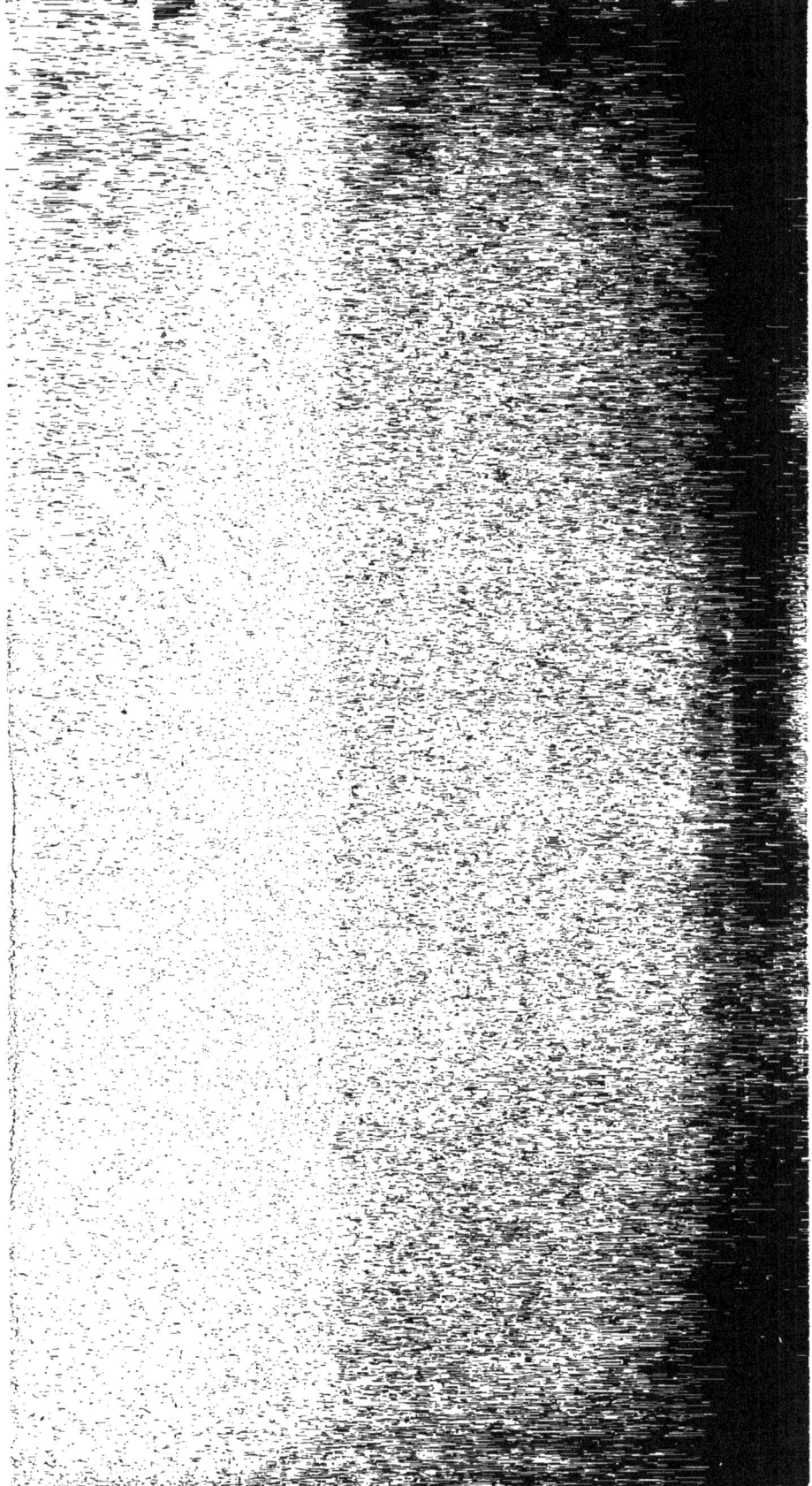